Beck'sche Reihe
BsR 444

Die neuen Ereignisse seit dem Erscheinen dieses Buches haben seine Analysen und Interpretationen bestätigt. Die Sowjetunion hat sich, wie erwartet, aufgelöst. In Jugoslawien hat der gleiche Prozeß zu einem erbitterten Bürgerkrieg geführt. Der Machtwechsel in den Vereinigten Staaten von den Republikanern zu den Demokraten hat nach zwölf Jahren einen grundlegenden Herrschaftswechsel heraufgeführt.

Am analytischen Befund aber hat sich nichts geändert. Die in den vierzig Jahren des Ost-West-Konflikts entstandene Struktur der Weltpolitik wurde zerbrochen, die Welt danach ist regional organisiert, ökonomisch orientiert und demokratisch motiviert. Sie ist an den Themen der Gesellschaftswelt, an Entwicklung, Freiheit, Friede interessiert, nicht an Machtentfaltung und Siegerehre, die das Denken der Staatenwelt beherrscht hat.

Deswegen ist noch immer die Chance gegeben, diesen Umbruch der Weltpolitik zu einem Aufbruch in eine neue Weltordnung werden zu lassen, die nicht auf militärische Gewalt, sondern auf demokratisch legitimierte Herrschaft und Macht gestützt ist, die den Krieg zwar noch nicht durch das Recht, wohl aber durch den Kompromiß ersetzen und vor allem durch eine moderne, auf die Prävention gerichtete Politik ersetzen wird.

Ernst-Otto Czempiel, geb. 1927, ist Forschungsgruppenleiter an der Hessischen Stiftung Friedens- und Konfliktforschung, Frankfurt am Main, und Professor em. an der Universität Frankfurt am Main. Er veröffentlichte zahlreiche Bücher und Aufsätze vor allem zur Außenpolitik der USA, zur Theorie der Außenpolitik sowie zur Theorie der Internationalen Beziehungen.
Im Verlag C. H. Beck erschien 1989 „Machtprobe. Die USA und die Sowjetunion in den achtziger Jahren".

ERNST-OTTO CZEMPIEL

Weltpolitik im Umbruch

Das internationale System nach dem Ende des Ost-West-Konflikts

Zweite, neubearbeitete Auflage

VERLAG C. H. BECK MÜNCHEN

Mit zwei Schaubildern

Eine Publikation aus der Hessischen Stiftung Friedens- und Konfliktforschung, Frankfurt am Main

Die Deutsche Bibliothek – CIP-Einheitsaufnahme

Czempiel, Ernst-Otto:
Weltpolitik im Umbruch : das internationale System nach dem Ende des Ost-West-Konflikts ; [eine Publikation aus der Hessischen Stiftung Friedens- und Konfliktforschung, Frankfurt] / Ernst-Otto Czempiel. – Orig.- Ausg., 2., neubearb. Aufl. – München : Beck, 1993
(Beck'sche Reihe ; 444)
ISBN 3 406 37827 7
NE: GT

Originalausgabe
ISBN 3 406 37827 7

2., neubearbeitete Auflage. 1993
Umschlagentwurf von Uwe Göbel, München

Gesamtherstellung: Appl, Wemding
Gedruckt auf säurefreiem, aus chlorfrei gebleichtem Zellstoff hergestelltem Papier
Printed in Germany

Inhalt

Vorwort 7

Vorwort zur zweiten Auflage 9

Einleitung 12

I. Die europäische Welt 17

1. Von der Konfrontation zur Partnerschaft 18
2. Schichten des Ost-West-Konflikts 23
3. Der Konflikt als Lehrstück 29
Für Europa 29
Für die Theorie 33
4. Die Neuordnung Europas 39
Machtfigur Nordamerika, Westeuropa 40
Machtfigur Westeuropa, Osteuropa, GUS 44

II. Die regionalisierte Welt 52

1. Polyarchie und Multipolarität 52
2. Die USA und Rußland 57
3. Die regionalen Vormächte 68
In Europa 68
In Asien 77
Im Vorderen Orient 83
In Afrika und Lateinamerika 86
4. Die Neue Weltordnung 90
Die USA als Weltpolizist? 90
Die Vereinten Nationen als globales Steuerungsinstrument? . 97

III. Die Gesellschaftswelt 105

1. Abschied von der Staatenwelt 105
2. Ausbreitung der Menschenrechte und der Demokratie 107
Die Ursachen 115
3. Strategien der Gesellschaftswelt 119

4. Themen der Gesellschaftswelt 125
5. Repräsentation der Gesellschaftswelt 130

IV. Die Wirtschaftswelt 133

1. Die Machtfigur 134
2. Entfesselung der Konkurrenz? 137
3. Integration der Staatshandelsländer 144
4. Vernachlässigung der Dritten Welt 148
5. Emanzipation der Transnationalen Konzerne 155

V. Zusammenfassung 159

Anmerkungen 163

Vorwort

Dieses Buch gehört in die schwierige Kategorie derer, die geschrieben werden müssen, obwohl sie eigentlich nicht geschrieben werden können. Einerseits hat das Ende des Ost-West-Konflikts die Weltpolitik derart grundlegend verändert, daß der Umbruch und seine Folgen unbedingt untersucht und diskutiert werden müssen. Eine Positionsbestimmung der Weltpolitik nach dem Ende des großen Weltkonflikts ist unerläßlich. Alle politischen Daten haben sich geändert, nichts ist mehr so wie zur Zeit der Konfrontation zwischen Ost und West. Diese neue Konstellation der Kräfte und Mächte muß notiert, analysiert und im Hinblick auf ihre politischen Folgen diskutiert werden.

Diese Aufgabe kann, andererseits, nicht zufriedenstellend gelöst werden. Die „Weltpolitik" ist als Gegenstand ebenso methodisch unzugänglich wie die „Weltgeschichte". Vor allem fehlt die zeitliche Distanz, in der erst die aktuellen Verläufe ihre bleibenden Folgen, ihren Strukturwert offenbaren. Auch veraltet die Aktualität rasch. Wenn das Buch vor seine Leser tritt, werden neue Ereignisse eingetreten sein, die die Aufmerksamkeit gefangennehmen. Das ist nicht schlimm, weil das Buch ja nicht die Zukunft vorhersagen will, die prinzipiell unvorhersehbar bleibt. Aber es will schon die Strukturen benennen, in denen die Ereignisse auftreten, aus denen sie ihre Bedeutung beziehen. Und das ist nicht leicht, weil sich das Strukturgewicht der Prozesse und Ereignisse aus der kurzen Distanz nicht immer exakt feststellen läßt.

Der Versuch, eine Positionsbestimmung dennoch zu wagen, ist also kühn. Er rechtfertigt sich aus der Größe des Umbruchs, der stattgefunden hat. Mit dem Ost-West-Konflikt ist eine Struktur zusammengebrochen, die mehr als vierzig Jahre lang die Welt beherrscht hat. Eine Tür politischer Möglichkeiten hat sich geöffnet, hinter der sich ein Horizont des Fortschritts zeigt. Die

Tür sollten wir nicht deswegen wieder zufallen lassen, weil die dahinterliegende Landschaft nicht ganz exakt vermessen werden kann.

Der Essay – mehr kann es nicht sein – fordert dazu heraus, die weltpolitischen Veränderungen zur Kenntnis zu nehmen, den Konflikt und sein Ende als Lehrstück für künftige Fälle zu begreifen. Er fordert dazu auf, die „Neue Weltordnung" nicht nur zu verkünden, sondern politische Wirklichkeit werden zu lassen. Werden nämlich alte Strategien auf die neuen Verhältnisse angewandt, dann werden sie bald in ihre alten Formen zurückgekehrt, wird die Möglichkeit des Fortschritts verpaßt worden sein. Das Buch nimmt es hin, mit seinen Analysen und Einschätzungen manchen Anstoß zu erregen, wenn es ihm dafür gelingt, manchen Anstoß zu geben.

Für die Anfertigung des Manuskripts danke ich Frau Marlies Sanner und Frau Marita Kolata an der Hessischen Stiftung Friedens- und Konfliktforschung, Frau Cornelia Gottschalk an der Abteilung Internationale Beziehungen der Johann-Wolfgang-Goethe-Universität. Sie haben sich die Mühen geteilt, die die beiden Fassungen des Manuskripts sowie die zahlreichen Änderungen verursacht haben. Frau cand. rer. pol. Kinka Gerke hat mir manche Detailinformationen beschafft und die Korrekturen mitgelesen, deren sich in der Endfassung dankenswerterweise Herr Dr. Jürgen Wilzewski, Mitglied der Abteilung Internationale Beziehungen an der Universität Frankfurt, angenommen hat. Ihm wie den Herren Dr. Bernd W. Kubbig und Dr. Harald Müller, Projektleiter an der Hessischen Stiftung Friedens- und Konfliktforschung, Frankfurt, bin ich für Hinweise zur Verbesserung der Analyse und der Argumentation dankbar.

Frankfurt am Main, im Mai 1991 *Ernst-Otto Czempiel*

Vorwort zur zweiten Auflage

Die zweieinhalb Jahre, die seit dem Erscheinen dieses Buches vergangen sind, haben seine Analysen und Interpretationen bestätigt. Neue Ereignisse sind hinzugekommen. Die Sowjetunion hat sich, wie erwartet, aufgelöst. In Jugoslawien hat der gleiche Prozeß zu einem erbitterten Bürgerkrieg geführt. Der Machtwechsel in den Vereinigten Staaten von den Republikanern zu den Demokraten hat nach zwölf Jahren einen grundlegenden Herrschaftswechsel heraufgeführt. Insofern mußte die zweite Auflage aktualisiert, mußten die Beispiele, die die Thesen stützten und beleuchteten, der Gegenwart des Jahres 1993 angepaßt werden. Neu eingefügt wurde in Kapitel II eine Zustandsbeschreibung der wichtigsten Politikfelder im Frühjahr 1993. Dieser Ist-Wert zeigt schon sehr deutlich seine Entfernung von dem in Kapitel II, 4 skizzierten Soll-Wert. Die inzwischen erschienene Literatur zum Thema mußte wenigstens ansatzweise berücksichtigt und genannt werden.

Am analytischen Befund aber, den ich 1991 vorgelegt habe, hat sich nichts geändert. Die in den vierzig Jahren des Ost-West-Konflikts entstandene Struktur der Weltpolitik wurde zerbrochen, die Welt danach ist regional organisiert, ökonomisch orientiert und demokratisch motiviert. Sie ist an den Themen der Gesellschaftswelt, an Entwicklung, Freiheit, Friede interessiert, nicht an Machtentfaltung und Siegerehre, die das Denken der Staatenwelt beherrscht hat.

Deswegen ist noch immer die Chance gegeben, diesen Umbruch der Weltpolitik zu einem Aufbruch in eine neue Weltordnung werden zu lassen, die nicht auf militärische Gewalt, sondern auf demokratisch legitimierte Herrschaft und Macht gestützt ist, die den Krieg zwar noch nicht durch das Recht, wohl aber durch den Kompromiß und vor allem durch eine moderne, auf die Prävention gerichtete Politik ersetzen wird. Leider ist diese Chance in den vergangenen zwei Jahren nicht sonderlich genützt worden. Kaum jemand befaßte sich mit dem Ende des Ost-West-Konflikts und den Konsequenzen für eine moderne Außenpolitik unter den Bedingungen der Gesellschaftswelt. Der Westen begann erst seit kurzem und sehr zögerlich mit dem Abbau der riesigen, durch das Konfliktende überflüssig gewordenen Militärmacht. Noch stärker sind die Widerstände gegen die „Entmilitarisierung" der Binnenstruktur, gegen die Rückkehr zur „Zivilmacht", die doch den Normal- und Idealzustand der bürgerlichen Gesellschaft darstellt. Jeder Anlaß, sei er auch noch so unscheinbar und ungeeignet, muß dazu herhalten, die Beibehaltung der Gewaltpotentiale zu rechtfertigen, den Mitteln des Militärs den obersten Platz im Katalog der Politik zu sichern. Diese Anpassungsverzögerung ist zwar organisationssoziologisch verständlich, politisch ist sie schädlich, möglicherweise sogar fatal. In Rußland waren 1993 schon wieder Stimmen zu hören, die mit dem Hinweis auf das noch immer unverändert hohe Gewaltpotential der NATO die Abrüstung Rußlands kritisierten und ihre Revision forderten. Die Falle, in der sich die „Realpolitik" selbst gefangen hält, indem sie durch ihr Verhalten diejenigen Zustände erzeugt, mit denen sie ihre Existenz rechtfertigt, steht noch immer weit offen. Um diese „Realismusfalle" zu verlassen, müßte der Westen deklaratorisch und operativ auf die Tatsache reagieren, daß seine Sicherheit nicht mehr gefährdet, die Beibehaltung übergroßer Militärpotentiale überflüssig ist. Der Westen müßte auf den Umbruch der Weltpolitik mit einem wirklichen Umschwung seiner Politik reagieren. Erst dann entstünde eine neue Weltordnung.

Dazu will das Buch erneut beizutragen versuchen. Es zeigt mit seiner zweiten Auflage, daß der Umbruch noch immer anhält, das Fenster des außenpolitischen Fortschritts noch immer weit geöffnet ist. Die Unruhen, die die Aufmerksamkeit der Medien gefangennehmen, sollten nicht darüber hinwegtäuschen. Sie sind, erstens, überhaupt nicht zu vergleichen mit der tödlichen Gefahr, in der sich die gesamte Welt angesichts der wechselseitigen nuklearen Bedrohung von Ost und West befand. Sie zeugen, zweitens, keineswegs von einer „neuen Weltunordnung", sondern davon, wie unfähig die Welt des Ost-West-Konflikts gewesen ist, mit regionalen, nationalen, ethnischen und religiösen Problemen umzugehen. Sie wurden unterdrückt, aber nicht bearbeitet, geschweige denn gelöst. Was wir beobachten, sind nicht die Folgen der neuen, sondern die der alten, der Staatenwelt. Für das frühere Jugoslawien kommt eine solche Einsicht zu spät, sie hätte 1981, nach dem Tode Titos, die westliche Politik anleiten müssen. Gegenüber Rußland und den anderen Staaten der GUS kommt die Einsicht aber rechtzeitig: Es gibt keine größere Aufgabe für den Westen als dort das Experiment der Demokratie und der Marktwirtschaft mit allen Kräften zu unterstützen. Nicht der Einsatz deutscher Truppen „out of area“, sondern der Einsatz der wirtschaftlichen und politischen Potentiale des Westens in der GUS sind gefordert. Gelingt dort das Experiment, ist die neue Weltordnung gesichert. Mißlingt es, werden in der atlantischen Region die Verhaltensmuster des alten Staatensystems alsbald restauriert worden sein.

Frankfurt am Main, im Sommer 1993 *Ernst-Otto Czempiel*

Einleitung

Seit dem Beginn der neunziger Jahre befindet sich die Weltpolitik in einer Phase radikaler Veränderung. Die Machtfiguren, die das internationale System seit 1945/46 bestimmt hatten, sind zerflossen; die Struktur des Ost-West-Konflikts, die die Nachkriegszeit beherrschte, hat sich aufgelöst. Das globale System durchläuft einen Wandlungsprozeß, der dem nach dem Zweiten Weltkrieg vergleichbar ist. Damals wie jetzt war ein großer globaler Konflikt zu Ende gegangen, damals wie jetzt formierte sich die internationale Politik neu. Zwar darf man die Unterschiede nicht verwischen. Der Zweite Weltkrieg hatte nur sechs Jahre gedauert, aber er hatte die gesamte damalige Welt verwüstet und mehr als 40 Millionen Menschen das Leben gekostet. Der Ost-West-Konflikt artete nie in einen Krieg aus, selbst sein Ende verlief sanft. Seine politischen Wirkungen aber waren ungleich größer. Er hatte viel länger gedauert, verschlang in seiner akuten Phase nach 1949 fast 20 Billionen USD an Rüstungsausgaben und beeinflußte die gesamte Welt. Insofern sind die Veränderungen, die er schuf, größer als die von 1945. Damals wurde ein Konflikt in Europa und in Asien beendet. 1989/90 ging ein globaler Konflikt zu Ende, der die gesamte Welt erfaßt und in seinen Bann geschlagen hatte. Entsprechend groß und global sind die Folgen, die er hinterlassen hat.

Leider blieb bisher wenig Zeit, über das Ende dieses Konflikts und die darin liegenden Möglichkeiten des Neuanfangs der Weltpolitik nachzudenken. Noch bevor der Schlußpunkt unter den Ost-West-Konflikt mit den 2 + 4-Verträgen, der Vereinigung Deutschlands und der militärischen Neuordnung Europas mit der Pariser KSZE-Konferenz gezogen werden konnte, hatte schon der neue Konflikt am Persischen Golf die Aufmerksamkeit auf sich gezogen. Fast bruchlos, so scheint es, ging die Weltpolitik von einem Konflikttyp zum anderen über, von der Auseinandersetzung zwischen den Industriestaaten zu der zwischen ihnen und einem Staat der Dritten Welt, von der antagonistischen Ordnung des Weltkonflikts zur kooperativen Weltordnungspolitik des UN-Sicherheitsrates.

Der Eindruck ist so unrichtig nicht, muß aber sorgfältig interpretiert werden. In der Tat kündigte sich im Überfall des Irak auf Kuwait eine neue Welt an, in der die regionalen Mächte ungleich handlungsfreier sein werden als früher. Aus der Disziplinierung durch den Ost-West-Konflikt mit seiner ständig präsenten Drohung eines nuklearen Zusammenstoßes der Supermächte entlassen, könnte die Welt – wie es der Irak tat – den Krieg als Mittel der Politik wieder entdecken. Andererseits könnten in dieser neuen Welt die Vereinten Nationen reaktiviert, könnte der Sicherheitsrat die ihm in Kapitel VII der UN-Charta übertragenen Rechte der friedlichen und der gewaltsamen Aggressionsbekämpfung wahrnehmen und zum Hüter der von Präsident Bush beschworenen „Neuen Weltordnung" werden.

Beides ist möglich, beides ist wenig wahrscheinlich. Weder wird es sobald einen neuen Angriff eines Landes der Dritten Welt auf ein anderes geben, bei dem vitale Interessen der Industriestaaten verletzt werden. Der sechswöchige Einsatz westlicher Rüstungshochtechnologie hat seinen Eindruck auf die Welt gewiß nicht verfehlt. Noch wird es bei reinen Süd-Süd-Auseinandersetzungen zu einem vergleichbaren UN-legitimierten Militäreinsatz kommen.

Vor allem: So aufdringlich der Golfkrieg die globale Aufmerksamkeit beanspruchte – in Größenordnung und Bedeutung unterschied er sich erheblich vom Ost-West-Konflikt, dessen Beendigung erst die Voraussetzungen für Konflikte vom Typ der Golfkrise schuf.

Über diese Veränderungen, über die Lage der Weltpolitik nach dem Ende des Ost-West-Konflikts, muß also nachgedacht werden, auch wenn das erneut erhöhte Tempo der Weltgeschichte die analytische Reflexion erschwert. Bevor die Vereinigten Staaten in den Zweiten Weltkrieg eingetreten waren, hatten in den USA schon Überlegungen begonnen, wie die Nachkriegszeit zu gestalten sei. 1945 konnten die USA auf diese Pläne, die inzwischen erheblich erweitert und detailliert worden waren, zurückgreifen. Eine solche Blaupause für die Zeit nach dem Ende des Ost-West-Konflikts gibt es nicht. Der Westen – vom Osten kann man es nicht verlangen – betrat die Nach-Konfliktzeit, ohne sich darauf gedanklich-konzeptuell vorbereitet zu haben. Der Überfall des Irak auf Kuwait kam so schnell, daß Handeln wichtiger wurde als Nachdenken. So könnte der Golfkrieg jetzt die Tendenz verstärken, das Ende des Ost-West-Konflikts zu den Akten der Geschichte zu legen und sich der neuen, bis zum Gewalteinsatz reichenden Handlungsfreiheit zu erfreuen, die die westlichen Industriestaaten, allen voran die USA, genießen.

Damit wäre der Mißerfolg programmiert. Denn die Welt, die den Ost-West-Konflikt beendet hat, ist nicht mehr die, die ihn begann. Die „Neue Weltordnung", in der laut Präsident Bush „die Nationen zusammenarbeiten, um Frieden und Wohlstand zu fördern", kommt nicht von allein. Sie hängt davon ab, wie der Westen auf die neuen Herausforderungen reagiert. Er mußte schon lernen, daß es relativ einfach war, den Irak zu besiegen und relativ schwer, die sich daran anschließenden internen Auseinandersetzungen im Irak zu beenden. Er mußte hilflos den wechselseitigen Massakern im früheren Jugoslawien zusehen. Die Möglichkeit, diese „Neue Weltordnung zu schaffen", ist zweifellos gegeben. Ob sie aber entsteht, hängt davon ab, daß moderne Strategien entwickelt und angewendet werden, die auf die vorfindbaren Zustände der Welt der neunziger Jahre passen.

Diese Welt, die nicht mehr durch den Ost-West-Konflikt zusammengehalten wird, entfaltet sich sehr rasch. Sie wird eine regionalisierte Welt sein, mit spezifischen, regional bedingten Interaktionsverdichtungen. Regionale Führungsmächte werden ihre Ansprüche anmelden und durchsetzen, die neue Welt wird polyarch sein. In diesen Regionen werden sich eigene, von den Industriestaaten und den beiden Supermächten gleichermaßen unabhängige Konflikte herausbilden; die neue Welt wird multipolar sein.

Sie wird zwar nach wie vor von den Regierungen als den weltpolitisch aktiven Exponenten der Staaten bestimmt werden, wird aber keine Staatenwelt mehr sein. Die Ausbreitung der Menschenrechte und der Demokratisierung hat, wenn man ein von John Herz geprägtes Bild verändern darf, die harte Schale des Nationalstaates von innen aufgebrochen. Die politischen Systeme werden zum einen sehr viel stärker an die Zügel der Anforderungen ihrer jeweiligen Gesellschaften gelegt; zum anderen emanzipieren sich gesellschaftliche Akteure aus der hegenden Herrschaft der politischen Systeme, unterhalten ihre eigenen Interaktionen mit den Partnern in anderen gesellschaftlichen Umfeldern. Die neue Welt wird eine Gesellschaftswelt sein, keine reine Staatenwelt mehr. Es wird eines neuen Paradigmas bedürfen, eines neuen Modells dieser Welt, um sie als Gesellschaftswelt abzubilden.

Mit der Emanzipation der Gesellschaften hängt es zusammen, daß sie sich nicht mehr mit der funktionalen Hauptleistung des Staates, Sicherheit zu gewährleisten, zufrieden geben. Sie fragen im politischen Sachbereich der Herrschaft ihre Teilnahme nach, ihre Partizipation am Entscheidungsprozeß. Vor allem aber fordern sie ihre wirtschaftliche Entwicklung an, die Verbesserung der Entfaltungschancen des Individuums. National wie international werden dadurch die wirtschaftlichen Akteure gestärkt, tritt die Relevanz militärischer Macht in den Hintergrund, während die ökonomische Macht sich langsam nach vorn schiebt. Die neue Welt wird eine Wirtschaftswelt sein.

Diese drei die Welt nach dem Ende des Ost-West-Konflikts charakterisierenden Strukturen: Regionalisierung, Demokratisierung, Ökonomisierung, lassen sich nicht zu einem einheitlichen, die Welt abbildenden Politogramm aufaddieren. Gerade weil sie komplexer und heterogener ist als je zuvor, läßt sich die zeitgenössische Welt nicht auf einen vereinheitlichenden Begriff bringen, nicht holistisch interpretieren. Es lassen sich nur Ausschnitte zeigen, systematisch angelegte Segmente, die die Weltzustände im angeschnittenen Bereich wiedergeben. Theoretisch wäre es möglich, zahllose solcher Querschnitte anzufertigen und sie wie in einer Tomographie so zusammenzufügen, daß ein multidimensionales Gesamtbild entsteht. Dazu ist aber die Politikwissenschaft heute methodisch und personell nicht in der Lage.

Hier wird die Welt nach dem Ende des Ost-West-Konflikts unter ihren drei wichtigsten Aspekten präsentiert: als regionalisierte Welt, als Gesellschaftswelt und als Wirtschaftswelt. Diesen drei „Weltbildern" vorangestellt wird ein Blick auf die Region Europa und auf die Möglichkeiten ihrer friedlichen Neuordnung. Diese Bevorzugung Europas rechtfertigt sich nicht nur aus der geographischen Nähe zum Leser und zum Autor, nicht nur aus der politischen, wirtschaftlichen und militärischen Relevanz der Region. Sie rechtfertigt sich auch daraus, daß sich im Zerfall des Ost-West-Konflikts diejenigen Kräfte zeigten, die diesen Niedergang ausgelöst, die alten Strukturen niedergerissen haben. Sie bewiesen damit exemplarisch und demonstrativ, wie sehr die Staatenwelt, der der Konflikt zwischen Ost und West so stark verhaftet war, längst Platz gemacht hat einer Welt, in der die Gesellschaften ihren Anspruch auf wirtschaftliche Wohlfahrt und herrschaftliche Mitbestimmung unüberhörbar anmelden: der Gesellschaftswelt. Von ihr und ihren politischen Folgen handelt das Buch.

I. Die europäische Welt

Das Ende des Ost-West-Konflikts in Europa[1] hat vier Fragen aufgeworfen, die gleichermaßen interessant wie relevant sind. Zunächst: Auf welche Weise und durch wen wurde der Konflikt beendet? Der Westen kann mit einer gewissen Berechtigung darauf verweisen, daß er diesen Konflikt gewonnen hat; richtiger aber ist wohl, daß die Sowjetunion ihn verloren, daß Michail Gorbatschow ihn liquidiert hat.

Zweitens: Was war das eigentliche Objekt des Konflikts? Immerhin wurde er vierzig Jahre lang für den wichtigsten Weltkonflikt gehalten, hat er Ost und West nicht nur in der Angst der Abschreckung, sondern auch im Bewußtsein einer unversöhnlichen Gegnerschaft gehalten. Wenn ein derart tiefgreifender Konflikt quasi über Nacht beendet werden konnte, dann muß untersucht werden, ob der Konflikt jemals das war, wofür er ausgegeben wurde: ein Gegensatz zwischen nicht zu vereinbarenden Gesellschaftsordnungen.[2]

Drittens: Waren die vom Westen eingesetzten Konfliktbearbeitungsstrategien dem Objekt angemessen? Das ist die wahrscheinlich interessanteste Frage von allen, weil sich daraus viele Lehren für die Zukunft ableiten lassen.

Letztlich: Indem die beiden Militärallianzen die wechselseitige Abschreckung besorgten, haben sie auch Modernisierungsleistungen erbracht, vor allem die NATO. Die kleinen, funktional leistungsunfähigen europäischen Staaten wurden in Großverbände integriert, die Sicherheit produzieren konnten. Darüber hinaus profitierten die westlichen Staaten vom Zusammenschluß auch noch auf dem Sachbereich der Wirtschaft, weil sie meist auch Mitglieder der EG und der Atlantischen Gemeinschaft waren. Indem die NATO die Westbindung der Bundesrepublik bewirkte, beseitigte sie ein Strukturelement des europäischen Systems, das zwei Weltkriege mitverursacht hatte.

Die vier Fragen laufen in einer zusammen: Wie muß eine Neuordnung Europas aussehen, die die Lehren aus dem Ost-West-Konflikt berücksichtigt und seine positiv zu bewertenden Folgen bewahrt, also den alten Kontinent nicht wieder zurückgleiten läßt in Kleinstaaterei, Nationalitätenkonflikte und Machtrivalitäten?

1. Von der Konfrontation zur Partnerschaft

Das Ende des Ost-West-Konflikts ist auf eine Ursache und zwei Leistungen zurückzuführen. Die Ursache ist eindeutig in der Insuffizienz des kommunistischen Systems zu finden, seiner Leistungsunfähigkeit in den politischen Sachbereichen Herrschaft und Wirtschaft. Die wichtigste Leistung wurde zweifellos vom sowjetischen Partei- und Staatschef Michail Gorbatschow erbracht, der nicht nur die Breschnewsche Weltpolitik liquidierte, sondern auch die Auflösung des kommunistischen Einflußbereiches in Osteuropa, nachdem sie einmal unvermeidlich geworden war, akzeptierte. Die zweite, zwar geringere, aber keinesfalls gering zu veranschlagende Leistung erbrachte die westliche Politik, allen voran die der USA und der Bundesrepublik, die die Selbstauflösung der sowjetischen Konfliktposition mit kluger Zurückhaltung entgegennahmen und durch die rasche Verminderung des militärischen Drucks auf die Grenzen des Warschauer Paktes auch erleichterten.

Das Hauptziel der Gorbatschowschen Reformpolitik nach seinem Amtsantritt im März 1985 war es, mit der Perestrojka genannten Reformpolitik die erneut so eklatant gewordene Wirtschaftsmisere des Landes zu beheben.[3] Als sich ein Jahr später zeigte, daß die Reform der Wirtschaft ohne die der Herrschaft nicht möglich sein würde, daß die Entwicklung einer modernen Industriegesellschaft auf einen autonomen, nicht auf einen gehorsamen Staatsbürger angewiesen war, fügte Gorbatschow das Glasnost-Programm der politischen Öffnung hinzu. Beides wurde im Sommer 1987 in der „radikalen Umgestaltung der Wirtschaftsleitung“ zusammengefaßt. Sie sollte das bestehende

System nicht aufheben, sondern verbessern, indem sie es reformierte.

Die Sowjetunion hatte sich auf dem ersten Sachbereich der Politik, dem der Sicherheit, als außerordentlich leistungsfähig erwiesen. Sie war konventionell in Europa der NATO stets ebenbürtig, wenn nicht sogar überlegen gewesen, und sie hatte ungefähr um die Mitte der siebziger Jahre auch die strategische Parität mit den Vereinigten Staaten erreicht. Das bolschewistische Herrschaftssystem hatte sich als fähig erwiesen, sowohl in der Sowjetunion wie in den osteuropäischen Staaten die Sicherheit gegenüber einer Bedrohung von außen zu gewährleisten. Es hatte sich auf der anderen Seite vom Beginn seines Bestehens an als leistungsschwach, später eindeutig als unfähig erwiesen, die wirtschaftliche Wohlfahrt der Menschen zu besorgen. Es gelang nicht, die zentral geleitete Kommandowirtschaft zu adäquaten Versorgungsleistungen zu veranlassen. Auflockerungsversuche, wie sie seit Lenins Neuer Ökonomischer Politik immer wieder unternommen worden waren, beispielsweise unter Chruschtschow in den Jahren 1955–57, waren zugunsten der Schwer- und Rüstungsindustrie immer wieder eingestellt worden.

Noch größer und schwieriger waren die Defizite des bolschewistischen Systems auf dem dritten Sachgebiet der Politik, dem der Herrschaft und der Partizipation daran. Im scharfen Kontrast zu den emanzipatorischen Absichten des Marxismus und des Sozialismus hatte sich der real existierende Kommunismus zunächst in der Sowjetunion, dann in den von ihr beherrschten osteuropäischen Staaten sehr rasch zu einer Einparteiendiktatur entwickelt, die das Interesse der einzelnen an Selbst- und Mitbestimmung radikal unterdrückte. Der Wunsch danach wurde als „Dissidenz" diskreditiert, die „Dissidenten" wurden verfolgt, verurteilt und ausgewiesen. Erst nachdem die Alte Garde abgetreten und mit Gorbatschow und seiner Führungsgruppe eine neue Generation an das Ruder der Sowjetunion gelangt war, wurde es möglich, die Leistungsdefizite in den Sachbereichen Wirtschaft und Herrschaft zu thematisieren und zu vermindern.

Was als Reform von oben in der Sowjetunion proklamiert und praktiziert wurde, zeitigte bei den Staaten des Warschauer Paktes eine ungeahnte und wohl auch unvorhersehbare Reaktion. In Osteuropa hatte der Kommunismus nicht nur als Herrschafts-, sondern auch als russisches Beherrschungssystem gedient, hatte bei den osteuropäischen Staaten die Zweitbedeutung, Ideologie des russischen Imperiums zu sein. Die Osteuropäer, allen voran Polen und Ungarn, interpretierten Perestrojka und Glasnost nicht nur als offizielle Delegitimierung des Kommunismus als Herrschaftssystem, sondern auch als Rücknahme des imperialen Herrschaftsanspruchs durch dessen obersten Interpreten. Dadurch wurden in Osteuropa die konservativen Führungseliten doppelt geschwächt, die innen nach Freiheit und außen nach Befreiung strebenden Gegeneliten gestärkt. In Polen hatte Ende 1986 der Staatsratsvorsitzende Jaruzelski einen Konsultativrat der gesellschaftlichen Kräfte berufen, der zwei Jahre später unter Beteiligung der Gewerkschaftsbewegung Solidarnosc zum Runden Tisch erweitert wurde. Ungarns Kommunisten nahmen auf ihrem Parteitag im Mai 1988 bekannte Reformpolitiker in das Zentralkomitee auf. Das „Neue Denken" in der Sowjetunion strahlte also durchaus nach Osteuropa aus, jedenfalls nach Polen und Ungarn, wo es die Reformkräfte innerhalb und außerhalb der Partei stärkte. Daß die von Gorbatschow vorgenommene Delegitimierung des orthodoxen Kommunismus reale Wirkungen hatte, zeigte sich auch in der vehementen Ablehnung, die sie in der DDR und in der CSSR, den Bollwerken der Orthodoxie, erfuhr.

Damit aus der von Gorbatschow zwar nicht beabsichtigten, aber doch zugelassenen Reformbewegung in Osteuropa eine Revolution werden konnte, bedurfte es eines weiteren Anlasses, nämlich der radikalen Spannungsabsenkung im System des Ost-West-Konflikts. Sie begann, nachdem sich Gorbatschow und Reagan in Reykjavik tendenziell, sechs Monate später dann prinzipiell und im Dezember 1987 auch offiziell auf den Abbau der Mittelstreckenraketen geeinigt hatten. Beide Seiten verfolgten dabei ihre individuellen, sehr partiellen Interessen. Gorbatschow wollte die Entnuklearisierung Europas, ein langgehegtes sowjetisches Ziel, voranbringen und damit seinen Reformprozeß außenpolitisch abstützen. Ronald Reagan wollte dem immer stärker werdenden Druck des Kongresses auf Rüstungskontrollergebnisse entkommen und die gerade aufflammende Iran-Contra-Affäre aus der öffentlichen Aufmerksamkeit rücken. Dazu bot sich ein Verzicht auf die Mittelstreckenraketen durchaus an, da sie niemals im Zentrum des langfristigen strategischen Interesses der Vereinigten Staaten gestanden hatten.

So heterogen und unterschiedlich die amerikanischen und die sowjetischen Interessen am Abbau der Mittelstreckenraketen waren, ihre Interaktion zeitigte ein wichtiges, weit über die Bedeutung des Vertrages selbst hinausgehendes Ergebnis: den Durchbruch durch die Struktur des Antagonismus.[4] Er war durch die bisherigen Rüstungskontrollvereinbarungen nicht beschädigt worden, hatte den Verlaß der beiden Supermächte auf ihre jeweiligen Militärallianzen als Mittel zur Konfliktbearbeitung völlig intakt gelassen. Die Beseitigung der Mittelstreckenraketen aber, in Reykjavik 1986 zur Überraschung der Alliierten verabredet, durchbrach mit ihrem kooperativen Element die Konfrontation der beiden Blöcke an einer entscheidenden Stelle.[5] Die Mittelstreckenraketen bildeten das modernste und wichtigste Waffensystem im Arsenal der erweiterten Abschreckung. Ihr einvernehmlicher Abbau signalisierte einen qualitativen Wandel der Konfliktpositionen. Wenn auch in einer weiten Perspektive, kam das Ende der gewaltsamen Bearbeitung des Ost-West-Konflikts in Sicht. Als unmittelbare Folge sank der Grad der Spannung in Europa beträchtlich, deutlich abzulesen an den besorgten Kommuniqués der NATO.

Diese Spannungsminderung entzog den kommunistischen Regierungen in Osteuropa ein wichtiges Mittel der Konsensmobilisierung: den Hinweis auf die auswärtige Bedrohung. Von ihr konnte nach den feierlichen Reden, die bei der Unterzeichnung des INF-Vertrages im Dezember 1987 und vor allem beim Moskau-Besuch Präsident Reagans im Juni 1988 gehalten wurden, kaum noch die Rede sein. Wenn Gorbatschow und Reagan sozusagen Arm in Arm auf dem Roten Platz zu sehen waren, konnten die kommunistischen Regierungen in Osteuropa die Bedrohung durch den imperialistischen Klassenfeind nicht mehr glaubwürdig darstellen.

Damit wurden die oppositionellen Gruppen im Ostblock ein zweites Mal begünstigt. Nach Seeleys Gesetz ist der Grad der Freiheit in einem Land umgekehrt proportional zu dem auswärtigen Druck, der auf seinen Grenzen lastet. Daß dieses Gesetz auch im Kalten Krieg wirkte, hatte sich zum ersten Mal 1970 in Polen gezeigt. Die „Dezember-Ereignisse", die zum Sturz der Regierung Gomulka und zur Rücknahme der Lebensmittelpreise führten, wären kaum denkbar gewesen ohne die Unterzeichnung des deutsch-polnischen Vertrages vom 18. November bzw. 7. Dezember 1970. Er nahm der polnischen Regierung die Möglichkeit, mit dem Hinweis auf die deutsche Bedrohung einen künstlichen Konsens in der polnischen Gesellschaft zu erzeugen. Ebenso verloren nach der amerikanisch-sowjetischen Annäherung 1987/1988 die osteuropäischen Regierungen die Möglichkeit, die Außenpolitik für die interne Konsensbildung zu instrumentalisieren. Im April 1989 wurde in Polen Solidarnosc offiziell wieder legalisiert und die Abhaltung freier Wahlen im Juni 1989 verabredet. In ihrer Folge trat am 19. August 1989 Tadeusz Mazowiecki als erster nicht-kommunistischer Premierminister in Polen sein Amt an. In Ungarn wurde am 5. August 1989 János Kádár endgültig gestürzt, am 19. Oktober 1989 die Einparteienherrschaft beseitigt und die politische Opposition legalisiert. Am 11. September 1989 unternahm die ungarische Regierung den revolutionären Schritt, ihre Westgrenze für Ostdeutsche, die Zuflucht in Ungarn gesucht hatten, zu öffnen; drei Wochen später tat Prag das gleiche. Die Reformen waren in eine gewaltlose Revolution umgeschlagen, die am 9. November 1989 in der DDR die Öffnung der Grenzen erzwang, die SED stürzte und schließlich die Vereinigung mit der Bundesrepublik herbeiführte.

Es ist nicht ausgeschlossen, aber doch unwahrscheinlich, daß Michail Gorbatschow diese radikalen, bis zur Auflösung der Militärorganisation und zur Abdankung aller kommunistischen Herrschaftssysteme in Osteuropa und der DDR führenden Entwicklungen vorausgesehen oder intendiert hat. Sicher ist, daß er sich den Ereignissen, als sie sich entfalteten, nicht entgegengestellt hat. Das ist seine große Leistung. Sie wird durch sein ambivalentes Verhalten beim reaktionären Putschversuch vom

19. August 1991 nicht kleiner. Jelzin, der den von Gorbatschow eingeleiteten Reformprozeß quasi revolutionär zur Auflösung der Sowjetunion fortentwickelte, wäre ohne Gorbatschow nicht denkbar gewesen.

Die Leistung des Westens ist kleiner, aber doch ebenfalls außerordentlich bemerkenswert. Nach vierzig Jahren einer antagonistischen Beziehung, die sich in den siebziger Jahren unter den Händen von Breschnew über Europa hinaus auf die ganze Welt erstreckt hatte, hätte es, ebenfalls von Geschichts wegen, dem Westen zugestanden, seinen Sieg, wenn nicht auszubeuten, so doch wenigstens zu feiern. Nichts davon ist eingetreten. Die Führungsmacht des Westens hat das Wort ihres Präsidenten, daß er die Selbstauflösung des Warschauer Paktes nicht ausbeuten werde, eingehalten. Die Staaten des westlichen Bündnisses insgesamt haben diesen Prozeß mit Zurückhaltung und Verständnis begleitet, nicht mit der Freude des Siegers. Auf ihrer Gipfeltagung am 6. Juli 1990 in London schlugen die NATO-Staaten dem Warschauer Pakt vor, gemeinsam zu erklären, „daß wir uns nicht länger als Gegner betrachten".[6] Die von den Staats- und Regierungschefs der KSZE im November 1990 in Paris verabschiedete Charta für ein Neues Europa erklärte offiziell, daß die „Ära der Konfrontation und der Spaltung Europas zu Ende ist". Seit dem 20. Dezember 1991 sind die früheren Gegner im NATO-Kooperationsrat vereint, der von Osteuropa und von einigen Republiken der GUS als Vorstufe ihrer Vollmitgliedschaft angesehen wird.

2. Schichten des Ost-West-Konflikts

Die Art und Weise seiner Auflösung wirft ein klares Licht auf die Ursachen des Ost-West-Konflikts. Es war bekannt, daß er ein Syndrom aus ordnungs- und machtpolitischen Bestandteilen darstellte.[7] Heute muß man sagen, daß er über weite Strecken eine machtpolitische Konkurrenz war. Es gab auf der Seite des Ostens keine alternative Ordnungsvorstellung, deren Verwirklichung und Bewahrung gegen den Widerstand von Liberalismus und Kapitalismus hätte durchgesetzt werden müssen. Vielmehr gab es ein alternatives Herrschaftskonzept, das die Kommunistischen Parteien ihren Gesellschaften aufzwangen. Es ist denkbar, daß das kommunistische Regime in der Sowjetunion anfangs auf Konsens gestoßen war; es ist nicht auszuschließen, daß es nach 1945 in den zumeist zwangsweise gleichgeschalteten osteuropäischen Ländern und in der DDR Nischen des Konsenses gab. Die Ereignisse der Jahre 1953 in Berlin, 1956 in Ungarn und Polen, 1968 in der Tschechoslowakei zeigen, daß diese Nischen, wenn es sie denn gegeben hat, nur sehr klein gewesen sein können. Das Verhältnis der Gesellschaften zu ihren von den kommunistischen Parteien beherrschten politischen Systemen war durchweg dissensual und erforderte zu seiner Stabilisierung einen großen, gewaltgestützten Repressionsapparat.

In dem Moment, in dem er, durch Gorbatschow delegitimiert und durch die Entspannung zwischen den Vereinigten Staaten und der Sowjetunion seiner außenpolitischen Stützung beraubt, gestürzt werden konnte, war der Ost-West-Konflikt zu Ende. Der Kommunismus verdankte seinen Untergang nicht dem übermächtigen Druck des liberal-kapitalistischen Weltsystems,[8] sondern der Konsensverweigerung seiner eigenen Gesellschaften. Die funktionale Leistungsunfähigkeit des kommunistischen Systems, das die Anforderungen seiner Gesellschaften weder auf dem Sachgebiet der wirtschaftlichen Wohlfahrt noch auf dem der herrschaftlichen Mitbestimmung zu erfüllen vermochte, ließ es schließlich scheitern. In dem Moment, in dem in Osteuropa und – wenigstens tendenziell – in der Sowjetunion demokratische Herrschaftssysteme ins Leben traten, war der Ost-West-Konflikt beendet, schlug die Konfrontation sofort in Kooperation um.

Dieser Befund ist für die Planung einer europäischen Friedensordnung von einer nicht zu überschätzenden Bedeutung; er ist darüber hinaus für die Diagnose internationaler Konflikte und die Konzeptualisierung konflikttransformatorischer Strategien wichtig. Allerdings muß er eingebaut werden in ein umfassenderes Verständnis der Schichtung des Ost-West-Konflikts, dem sich später dann verallgemeinerungsfähige Einsichten in die notwendige Konstruktion einer europäischen Friedensordnung entnehmen lassen.

War der Ost-West-Konflikt zunächst einer Positionsdifferenz auf dem Sachgebiet der Herrschaft entsprungen, so geriet dieser originäre Konflikt rasch außer Sicht. Es lagerten sich ihm drei andere Konflikte an, von denen nur noch der zweite wenigstens eine Beziehung zum originären Konflikt aufwies. Zunächst machte sich, nachdem 1945 durch den Sieg über die Achsenmächte die Gemeinsamkeit der Alliierten an ihr Ende und die Positionsdifferenz auf dem Gebiet der Herrschaft wieder zum Vorschein gekommen war, das Sicherheitsdilemma bemerkbar. Was John H. Herz mit diesem treffenden Begriff belegt hat,[9] ist eine Folge der anarchischen Struktur des internationalen Systems. Da es ein offenes System ist, das keine Zentralgewalt mit Sanktionsmöglichkeiten aufweist, muß jedes Systemmitglied, jeder Staat, für seine Sicherheit selbst sorgen. Dies ist seine wichtigste Funktion. Sie wird aktiviert, wenn auch nur die Möglichkeit einer Bedrohung von außen sich zeigt. Das war unmittelbar nach 1945 der Fall, als der Vorrat der alliierten Gemeinsamkeit verbraucht und über dem Streit um die Zukunft Deutschlands und Europas die Möglichkeit einer militärischen Auseinandersetzung nicht mehr mit Gewißheit auszuschließen war. Jede Seite bereitete sich darauf vor, den 1945 erreichten Einflußbereich politisch und wirtschaftlich, auf der sowjetischen Seite auch militärisch, zu stabilisieren.

Durch diese systembedingte Konfliktschicht schimmerte der originäre Konflikt wenigstens insofern noch hindurch, als die Sowjetunion den Kommunismus in Osteuropa und in Ostdeutschland – teilweise mit Gewalt – durchsetzte, die Vereinigten Staaten die liberale Demokratie mit Hilfe des Marshall-Plans in Westeuropa zu stärken und die Bundesrepublik zu errichten begannen.

Die dritte Schicht des Ost-West-Konflikts aber zeigt nur noch eine klassische Machtkonkurrenz. Sie gewann ihren ersten rhetorischen Ausdruck in der Truman-Doktrin von 1947, zeitigte die ersten politischen Folgen im Einsatz der kommunistischen Parteien zur Verbreitung des Einflusses der Sowjetunion und im Nachrücken amerikanischen Einflusses im Nahen Osten, nachdem Großbritannien sich von dort zurückgezogen hatte. Dieser sekundäre Konflikt führte 1950 zum Korea-Krieg, der von West wie von Ost als Beginn der militärischen Auseinandersetzung zwischen ihnen in der Dritten Welt angesehen wurde. Der sekundäre Konflikt breitete sich aus, als nach dem Rückzug der Franzosen aus Indochina die Vereinigten Staaten dort Fuß faßten und mit der Gründung des SEATO-Paktes 1954 den Grundstein für ihr Engagement in Vietnam legten.

Dieser sekundäre Konflikt hat mit dem originären nichts mehr zu tun; die Positionen, die hier differieren, lassen sich in den Begriffen von Macht und Einfluß beschreiben. Westliche Macht gegen östliche, amerikanische gegen sowjetische – diese Auseinandersetzung macht den sekundären Konflikt aus. Während der ersten Amtsperiode Präsident Reagans und der letzten Amtszeit Breschnews entwickelte sich daraus eine bilaterale amerikanisch-sowjetische Machtrivalität, die sich auch geographisch sehr weit von Europa entfernte.

Dort hatte sich inzwischen dem sekundären Ost-West-Konflikt eine weitere Schicht hinzugesellt: die des abgeleiteten Konflikts der Rüstungsdynamik. Sie beginnt anfangs der sechziger Jahre, nachdem Amerika sein Atomwaffenmonopol verloren und die Sowjetunion in der Kuba-Krise 1962 ihre militärische Unterlegenheit im strategischen und maritimen Bereich demütigend erfahren hatte. Durch die 1961 beginnende Rüstungskontrolle nicht behindert, setzte seitdem ein Rüstungswettlauf zwischen den beiden Seiten ein, der erst mit dem INF-Vertrag 1987 an einer wichtigen Stelle unterbrochen wurde. Rüstung und Rüstungsausgaben beider Seiten stiegen beträchtlich. Die Konkurrenz um die besseren Waffensysteme und deren weitere Modernisierung beherrschte die Beziehungen zwischen der NATO und dem Warschauer Pakt. Ihr Rüstungswettlauf wies keinerlei Beziehung zum originären Konflikt mehr auf; er ist, wie der sekundäre Konflikt über die Macht- und Einflußverteilung in der Welt auch, als klassischer Bestandteil von Machtkonkurrenzen zu werten.[10] Die Auseinandersetzung um das militärische Gleichgewicht in Europa, um die lückenlose Vervollkommnung der Abschreckung, die Weiterentwicklung nuklearer und nicht-nuklearer Strategien stand auf beiden Seiten im Vordergrund der Auseinandersetzung. Der Ost-West-Konflikt war seit der zweiten Hälfte der siebziger Jahre fast ganz in dem abgeleiteten Konflikt der Rüstungsdynamik aufgegangen, war zu einem mit der Androhung militärischer Gewalt geführten Machtkonflikt geworden.

Die den einzelnen Konfliktschichten zuzuordnenden Spannungsgrade verhalten sich invers zur politischen Bedeutung der Schicht. Während dem originären Konflikt, also der Divergenz zwischen den Herrschaftssystemen, überhaupt keine oder doch nur eine niedrige militärisch definierbare Spannung zukam, stieg sie unter der Einwirkung des Sicherheitsdilemmas schon zu beträchtlicher Höhe. Der sekundäre Konflikt über die Verteilung von Macht und Einfluß in der Welt verlangte erhebliche militärische Gewaltpotentiale, die die Spannung entsprechend verschärften. Sie erreichte ihren höchsten Grad im abgeleiteten Konflikt der Rüstungsdynamik, der mit dem eigentlichen Konflikt überhaupt nichts zu tun hat, ihm nur aufgesetzt war. Je größer die Entfernung der jeweiligen Konfliktschicht vom originären Konflikt war, desto höher der Grad der Spannung. Das nachfolgende Schema zeigt die Schichtung und die Spannungsgrade des Ost-West-Konflikts.[11]

Bei der Liquidierung des Ost-West-Konflikts macht denn auch der abgeleitete Konflikt der Rüstungsdynamik die größten Schwierigkeiten. Der originäre Konflikt wurde durch die Auflösung der Sowjetunion und durch die demokratischen Revolutionen in Osteuropa aufgehoben, damit wurden auch die Wirkungen des Sicherheitsdilemmas – jedenfalls auf absehbare Zeit – neutralisiert. Den sekundären Machtkonflikt, den vor allem Breschnew durch eine expansionistische Weltpolitik verschärft hatte, hatte Gorbatschow im Zusammenhang mit dem „Neuen Denken“ schon eingestellt. Die Rüstungsdynamik aber läuft noch immer auf hohen Touren.

Von einer nennenswerten Drosselung der Rüstungsproduktion des Westens ist 1993 nicht die Rede; die russische Waffenproduktion arbeitet für den Export. Die konventionelle Abrüstung, die in Wien verabredet worden ist, beläßt noch immer ein sehr hohes Rüstungsniveau.

Schaubild 1: Schichtung und Spannungsgrade des Ost-West-Konfliktes

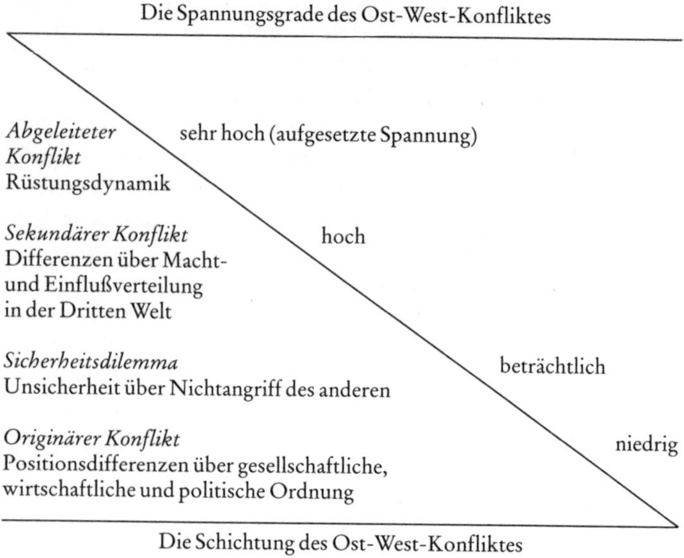

Auf dem nuklearen Gebiet haben die Vereinigten Staaten und Rußland den START-I-Vertrag im Herbst 1992 ratifiziert, den START-II-Vertrag im Januar 1993 unterschrieben. Im September 1991 hatte Präsident Bush alle land- und seegestützten Nuklearwaffen der USA zurückgerufen. Auch wurde nach zwanzigjährigen Verhandlungen am 1. Dezember 1992 der Chemiewaffenvertrag von der Generalversammlung der Vereinten Nationen verabschiedet. Entscheidend wird in all diesen Fällen aber die Verwirklichung sein, deren lange Zeiträume und die Tatsache, daß das Erbe der Sowjetunion auf vier Nuklearmächte aufgeteilt worden ist, noch lange Anlaß zur Aufmerksamkeit geben werden. In der allgemeinen Euphorie über die Beendigung des Ost-West-Konflikts ist die Aufmerksamkeit gegenüber diesem aufgesetzten Konflikt nicht mehr so groß, wie sie sein sollte. Die Tatsache, daß diese höchst gefährliche Schicht das Ende des Konflikts fast unbeschädigt überstanden hat, zeigt, in welchem

Ausmaß die Rüstungsdynamik sich autonomisiert hat. Es dürfte lange dauern, bis die gesellschaftlichen Deformationen, die durch die Ausrichtung auf den Konflikt entstanden waren, nach dessen Ende sich zurückbilden.

Entkleidet man den Ost-West-Konflikt seiner historischen Einmaligkeit, so ergibt sich aus der Analyse seiner Schichtung ein allgemeines Bild derjenigen Ursachen, die im internationalen System die Anwendung von Gewalt bei der Konfliktbearbeitung fördern. Der originäre Konflikt, die Differenz zwischen den Gesellschaftssystemen, hätte keinerlei Gewaltanwendung auszulösen brauchen. Es gibt in der Geschichte überhaupt nur ein Konfliktobjekt, über das lediglich mit der Anwendung militärischer Gewalt entschieden werden kann: territorialer Besitz, also der Bereich der Herrschaft über Land und/oder Menschen.[12] Zwischen den Industriestaaten in der zweiten Hälfte des 20. Jahrhunderts ist dieses Objekt nicht mehr strittig, weil es zur Vermehrung von Wohlstand und Macht von zweitrangiger Bedeutung ist. Die Verfügung über Rohstoffe, vor allem über das Öl, bildet die Ausnahme, die die Regel bestätigt. Man muß sich also fragen, woher der aufgesetzte Konflikt der Rüstungsdynamik stammt, was in einem Konflikt, dessen Kern keinerlei Gewaltanwendung impliziert oder gar erfordert, die Bereitstellung so hoher Gewaltpotentiale ausgelöst hat.

3. Der Konflikt als Lehrstück

Für Europa

Für dieses Phänomen gibt es eine politische Erklärung, die jedoch erst in einem theoretischen Zusammenhang ihre Ergiebigkeit zeigt. Die Sowjetunion schob schon unter Stalin, dann aber endgültig unter Breschnew den abgeleiteten Konflikt in den Vordergrund, weil sie nur auf dem Sachbereich Sicherheit leistungsfähig war. Der Aufbau einer großen Militärmaschine war zwar teuer, politisch aber einfach und herrschaftstechnisch mehrfach nützlich. Er diente der Kontrolle der Verbündeten in Osteuropa, demonstrierte im Innern der Sowjetunion den Großmacht-, später den Supermachtanspruch Moskaus. Er versinnbildlichte den hohen Grad der auswärtigen Bedrohung und legitimierte auf diese Weise doppelt den Wohlstands- und Partizipationsverzicht, den das kommunistische Herrschaftssystem der Bevölkerung abnötigte. Rüstung war damit ein wichtiger Teil der innerpolitischen Disziplinierung der Sowjetgesellschaft, ein Herrschaftsinstrument in der Auseinandersetzung zwischen dem politischen System und der sowjetischen Gesellschaft.

Verwunderlich ist, daß die NATO-Staaten diese Verschiebung der Konfliktfelder mitmachten und sich immer mehr auf den abgeleiteten Konflikt der Rüstungsdynamik locken ließen, anstatt den Konflikt dort zu führen, wo er seinen Ursprung und sein Zentrum hatte, im Sachbereich der Herrschaft. Lediglich Präsident Carter startete 1977 mit seiner weltweit, aber vornehmlich gegen die Sowjetunion und die kommunistischen Herrschaftssysteme gerichteten Kampagne einen einschlägigen Versuch, mußte ihn aber wegen des Widerstands, der sowohl aus den Vereinigten Staaten wie aus Europa, hier vor allem aus der Bundesrepublik, kam, alsbald wieder einstellen.

Daß die NATO-Staaten sich auf die Rüstungsdynamik als Konfliktbearbeitung einließen, muß anders erklärt werden. Den erforderlichen gesellschaftlichen Konsens erzeugten sie durch die Bereitstellung von wirtschaftlichem Wohlstand und herrschaftlichen Partizipationsrechten. Zur Konsensmobilisierung und Herrschaftsstabilisierung, wie in der Sowjetunion, wurde die Rüstung hier keinesfalls gebraucht. Sie erwies sich aber ebenfalls als ein einfaches und einfach darzustellendes Mittel der Konfliktbearbeitung. All die schwierigen, politischen, legitimatorischen, ideologischen Probleme ließen sich mit den eindeutigen, einfachen und klaren Berechnungen des militärischen Gleichgewichts bzw. Ungleichgewichts zudecken. Hinzu kam, daß die Regierungen mit ihrer Forderung nach Herstellung und Bereitstellung militärischer Potentiale eine Interessen- und Entscheidungskonstellation ins Leben gerufen hatten, die sich dann über die Jahre hinweg zu einer Struktur verfestigte. Der Begriff des militärisch-industriellen Komplexes, von Präsident Eisenhower selbst verwendet, unterstellt zu Unrecht eine Verschwörungspraxis. Sie existiert in dieser Form nicht.[13] Wohl aber ist richtig, daß demokratische Gesellschaften, wenn sie sich über mehrere Jahrzehnte hin auf eine große militärische Konfrontation einstellen müssen, nicht nur ihre Entscheidungsprozesse, sondern auch ihre Macht- und Einflußverteilungen auf diese Aufgabe hin ausrichten. Diese gewachsenen Strukturen neigen dazu, sich gegen jede Überprüfung abzuschirmen.[14]

Dies erklärt, warum auch die westlichen Demokratien sich schließlich auf die Rüstungsdynamik als die wichtigste Konfliktschicht konzentrierten. Es ist geradezu ironisch, daß auf diese Weise die NATO dazu beitrug, das autoritäre Herrschaftssystem des Kommunismus in der Sowjetunion und in Osteuropa zu stützen. Hätten die NATO-Staaten sich vielmehr daran erinnert – worauf sie von Jimmy Carter so deutlich hingewiesen worden waren –, daß der originäre Konflikt zwischen Ost und West durch das autoritäre Herrschaftssystem des Kommunismus hervorgerufen worden war, dann hätten sie den eigentlich richtig angelegten KSZE-Prozeß mit einer tiefgreifenden Senkung der militärischen Spannungen begleiten müssen, um den oppositionellen Kräften im Ostblock massiv Auftrieb zu geben. Vor diesem Angriff auf das Schwächezentrum der kommunistischen Herrschaft wurde der Ostblock dadurch bewahrt, daß sich im Laufe der jahrzehntelangen Auseinandersetzung auch die westlichen Gesellschaften deformiert hatten. Auch sie werden Jahre brauchen, ehe sie sich nach dem Ende des Ost-West-Konflikts zu ihrer originalen Aufmerksamkeitsverteilung, in der die Sachbereiche Wohlfahrt und Herrschaft, nicht aber der der Sicherheit, die Hauptrolle spielen, zurückgetastet haben werden.

Die wichtigste Lehre des Ost-West-Konflikts lautet: Demokratisierung ist die einzig wirksame Strategie zur Eliminierung der Gewalt und zur Institutionalisierung gewaltfreier Konfliktbearbeitungsmodi. Die Sowjetunion hat den Konflikt mit dem Westen nicht aufgegeben, weil sie von der militärischen Stärke der NATO dazu gezwungen wurde. Die westliche Militärallianz hat, im Gegenteil, Reformen erschwert, die Reformgegner begünstigt. Ihr unaufhörlicher, durch kontinuierliche Aufrüstung ständig steigender Druck hat vielmehr die kommunistische Herrschaft im Ostblock stabilisiert, sie sozusagen notbeatmet. Hätte die NATO statt dessen mit dem Harmel-Dual von 1967 ernst gemacht, also die Entspannung mit dem Warschauer Pakt ebenso intensiv betrieben wie die Sicherheitsvorsorge, wäre das kommunistische Herrschaftssystem vermutlich viel früher zusammengebrochen.

Das Gegenargument, Ronald Reagans massive Aufrüstung habe die Sowjetunion „totgerüstet" und damit zur Aufgabe gezwungen, trägt nicht. Militärisch war die Sowjetunion bis zur Beendigung des Ost-West-Konflikts hochleistungsfähig. Bei anhaltend hohem Außendruck hätte der Ostblock noch jahrelang existieren können. Es war die Druckverminderung durch den INF-Vertrag, die die innenpolitische Kräftekonstellation veränderte, den Herrschaftseliten ein für sie unentbehrliches Instrument zur Konsensmobilisierung nahm und damit die Revolution förderte.

Die NATO hätte also die Verteidigung, die gewiß unvermeidlich war, ergänzen müssen durch eine Strategie des auf Demokratisierung gerichteten Systemwandels. Statt sich ausschließlich auf den Rüstungswettlauf zu konzentrieren, hätte sie auch Strategien entwerfen müssen, die die demokratische Opposition im kommunistischen Lager gestärkt und zum Sturz der kommunistischen Diktatur beigetragen hätten.[15]

Für die Beendigung des Ost-West-Konflikts kommt diese Lehre zu spät, für den Aufbau der europäischen Neuordnung kommt sie noch rechtzeitig: Demokratisierung ist die wichtigste Strategie. Wenn alle europäischen Staaten, die der GUS eingeschlossen, demokratisch sein werden, ist der permanente Gewaltverzicht gesichert (jedenfalls zum größten Teil). Gelingt die Demokratisierung nicht, reduzieren sich alle anderen Strategien, wie bisher, auf die Kur am Symptom.

Die Lehre des Ost-West-Konflikts, daß demokratische Herrschaftsstrukturen die verläßliche Basis des Friedens abgeben, Demokratisierung daher die wichtigste Konfliktbearbeitungsstrategie ist, ist richtig, aber nicht vollständig. Sie bedarf der Ergänzung, und solange sie fehlt, läuft eine Forschung, die sich mit der Frage nach dem Zusammenhang von Demokratie und Gewalt abquält, in die Aporie. Nicht umsonst sind die Ergebnisse dieser Forschung widersprüchlich, häufig ambivalent, meist ohne überzeugendes Ergebnis.[16] Informativ ist dagegen die inzwischen weitgehend anerkannte Feststellung, daß Demokratien untereinander bisher keinen Krieg geführt haben.[17] Der daraus folgende Schluß, daß Demokratien friedlich sind, ist ein Beweis dafür, daß man trotz falscher Voraussetzungen auch zu richtigen Ergebnissen kommen kann.

Denn das Ergebnis ist richtig, es ist nur unvollständig. Die Gewaltanwendung im internationalen System wird zwar vornehmlich, aber nicht nur durch das Herrschaftssystem verursacht – wenn, und soweit dies der Fall ist, stimmt es, daß Demokratien friedlich sind. Es gibt aber fünf weitere Ursachen der Gewalt im internationalen System, denen auch die Demokratien ausgesetzt sind. Sie bewirken, daß Demokratien, die aufgrund ihres Herrschaftssystems eigentlich friedlich sind, dennoch zur Gewalt greifen. Will man diese Gewalt beseitigen, darf man es also nicht bei der Demokratisierung belassen.

Eine der fünf anderen Gewaltursachen wurde bereits erwähnt: die anarchische Struktur des internationalen Systems. In der Theorie des Realismus, des Politischen wie vor allem des Strukturellen, ist dies nicht nur die wichtigste, sondern die einzige Ursache der Gewaltanwendung. Hans J. Morgenthau[18] und vor allem Kenneth N. Waltz[19] haben aus der anarchischen Struktur des internationalen Systems die ersten Versuche zu einer geschlossenen Theorie der internationalen Politik abgeleitet. Für Waltz spielen die Eigenschaften der Staaten, also auch ihre Herrschaftsordnungen, überhaupt keine Rolle, weil durch die Systemstruktur diese Unterschiede neutralisiert, die Politiken aller Staaten gleichgeschaltet werden. Die „Zwänge der Struktur machen die Staaten funktional ähnlich".[20] Nur die Größenunterschiede fallen ins Gewicht; große Staaten sind den Strukturzwängen weniger unterworfen als kleine.

Waltz hat an dieser These trotz ausgedehnter Kritik stets festgehalten,[21] zumal seine Kritiker nur ihre Einseitigkeit, nicht die These selbst bestritten haben.[22] Sieht man von der anhaltenden Kontroverse innerhalb des Neorealismus ab, so hat Waltz unbestritten recht – wie Morgenthau vor ihm – mit dem Hinweis auf die anarchische Struktur des internationalen Systems. Sie verpflichtet die Staaten zur Selbsthilfe und führt auf diese Weise, nicht zuletzt vermittelt über das Sicherheitsdilemma, die Gewalt in das internationale System ein.

Waltz hat aber übersehen, daß seine Einsicht nicht neu, sondern vor zwei Jahrhunderten bekannt gewesen ist und schon damals Pläne zur Abhilfe ausgelöst hat. Kann die Anarchie des internationalen Systems prinzipiell nicht aufgehoben, so können ihre Folgen doch wesentlich abgeschwächt werden, wenn sich die Staaten in einer internationalen Organisation zusammenschließen.[23] Die darin institutionalisierte Interaktion informiert alle Mitglieder ständig über die Absichten und das Verhalten aller anderen Mitglieder. Entsprechend verringert sich das Sicherheitsdilemma.

Darin liegt die genuine Leistung internationaler Organisationen. Sie bieten keine kollektive Sicherheit. Deren Begriff und Verfahren sind dem Mächtekonzert des 19. Jahrhunderts entnommen und dem Völkerbund wie den Vereinten Nationen künstlich implantiert worden. Sie sind aber unbrauchbar, wenn sich die Großmächte, wie von 1946 bis 1988, befehden. Sie sind überflüssig, wenn die Großmächte „in concert" sind, wie seit 1988. Der Golfkrieg von 1991 widerlegt diese Analyse nicht; er war, unter der Ägide der Vereinten Nationen, ein klassischer Akt eines klassischen Mächtekonzerts.

Die internationale Organisation vermag die aus der Systemanarchie fließende Gewaltneigung zurückzudämmen – das ist eine äußerst wichtige Leistung, die sehr viel mehr Aufmerksamkeit und Pflege erfahren müßte. Sie reicht allerdings nicht aus.

Denn die Gewaltneigung wird modifiziert durch die Machtfigur, die in einem System herrscht, also durch die Verteilung von Groß- und Kleinstaaten. Interessanterweise sind asymmetrische Machtfiguren, Hegemonien, stabil und gewaltfrei. Darauf beruht die Theorie der hegemonialen Stabilität, die beispielsweise die anhaltende Kooperation in der Atlantischen Gemeinschaft auf die Rolle der USA als dem hegemonialen „stabilizer" zurückführt. Mittelfristig aber sind solche asymmetrischen Machtfiguren instabil; eine „Finnlandisierung" wird nicht auf Dauer akzeptiert. Symmetrische Machtfiguren haben eine bessere Langzeitprognose, weil sie weder Abhängigkeiten noch Über- oder Unterlegenheiten produzieren.

Solche Symmetrien dürfen nicht mit Machtgleichgewichten verwechselt werden.[24] Sie messen vielmehr die Human- und Ressourcenpotentiale. Sie sollten tunlichst gleich groß sein, weil dadurch Ungewißheit und Unsicherheit vermindert werden.

Zur Neutralisierung des aus der anarchischen Systemstruktur fließenden Gewaltimpetus ist also zweierlei erforderlich: Die Größenordnungen der Systemglieder sollten möglichst gleich und sie sollten in einer internationalen Organisation zusammengeschlossen sein, die die Anarchie durch Information abschwächt. Erst unter diesen Umweltbedingungen kann die Tendenz zur Gewaltvermeidung, die dem demokratischen Herrschaftssystem inhärent ist, zur Geltung kommen.

Allerdings müssen die Demokratien entsprechend hoch entwickelt sein. Das ist selbst im Westen noch nicht der Fall. Die Partizipation läßt zu wünschen übrig und schafft damit Raum für partielle Interessen, die sich formieren und auf das politische System zu ihren Gunsten einwirken können. Auf die hier liegende Gefahr von Verformungen hatte schon James Mill zu Beginn des 19. Jahrhunderts aufmerksam gemacht; sie werden erst dann ganz beseitigt sein, wenn in den westlichen Demokratien die Macht weiter dezentralisiert und die gesellschaftliche Kontrolle stärker ausgebaut ist. Der Hinweis verkennt nicht die immensen Fortschritte, die gerade in der Bundesrepublik und in den anderen westeuropäischen Staaten gemacht worden sind; er bezeichnet lediglich die Richtung, in der die gesellschaftliche Neuordnung bei der Integration Westeuropas und der europäischen Friedensordnung verlaufen sollte. Die Politische Union Westeuropas sollte die gesteigerte Macht nicht zentralisieren, sondern dezentralisieren und damit auch besser verteilen. Sie sollte die parlamentarische Kontrolle – die es in der EG gegenwärtig nur andeutungsweise gibt – über das Maß hinaus verstärken, das in den Nationalstaaten die Regel ist; und sie sollte die gesellschaftliche Mitbestimmung intensivieren. Um so stärker und verläßlicher wird der im demokratischen Herrschaftssystem angelegte Gewaltverzicht ausfallen.

Es gibt noch zwei weitere Ursachen der Gewaltanwendung im internationalen System: die Interaktion und die strategische Kompetenz der Akteure. Beides hängt zusammen, ist aber nicht miteinander identisch. Gewalt kann im internationalen System auch angewendet werden, obwohl die Teilnehmer dies gar nicht beabsichtigen. Sie werden durch ihre Interaktion in Zugzwänge gebracht, die sich als nicht mehr kontrollierbar erweisen. Der Erste Weltkrieg ist das Paradebeispiel dafür.[25] Konflikte zwischen Staaten sind jeweils hochkomplexe Interaktionszusammenhänge, die der einzelne nicht mehr überschauen und nicht mehr steuern kann. Konnte sich der schwedische Reichskanzler Oxenstjerna im 17. Jahrhundert noch darüber mokieren, mit wie wenig Vernunft die Welt regiert werde, so kann die mangelnde strategische Kompetenz der Akteure, die Interaktion zu steuern, unter den Bedingungen der Industriegesellschaften sehr rasch zu automatischen Zerstörungen unvorstellbaren Ausmaßes führen.

Glücklicherweise steht auch hier Abhilfe bereit. Die internationale Organisation, die die Anarchie des internationalen Systems vermindert, indem sie es übersichtlich macht, erleichtert es auch, die Interaktion zu kontrollieren. Sie spielt sich dann nicht mehr im ungewissen Raum des internationalen Systems, sondern in der durch die Organisation geschaffenen Kommunikationsordnung ab. Auf diese Weise können Mißverständnisse vermieden, Entscheidungen verlangsamt und notfalls korrigiert werden. Die in der Organisation institutionalisierten Verfahrensformen tragen das Ihre dazu bei, die in der Interaktion liegenden Verselbständigungselemente aufzuheben.

Dennoch bleibt es unabdingbar, die strategische Kompetenz der Akteure zu verbessern. Sie wird nicht nur für die Kontrolle der Interaktion, sondern generell für den Entwurf und die Ausführung moderner Außenpolitik gebraucht. Sie ist nach dem Ende des Ost-West-Konflikts ebenso dringlich wie zuvor.

Der Politiker von heute ist ausschließlich auf seinen eigenen Verstand und die im Laufe seiner Tätigkeit akkumulierte Erfahrung verwiesen. Das gilt genauso für den Diplomaten, dessen akademische Ausbildung – egal in welcher Disziplin – ihm keine systematischen Kenntnisse vermittelt, die seine strategische Kompetenz in der internationalen Umwelt erhöhen. Auch er ist auf seine individuelle oder die im diplomatischen Korps tradierte Erfahrung einzelner angewiesen.

Daß diese Ausstattung unzureichend ist, wird durch den gewaltlosen Austrag des Ost-West-Konflikts und seine „sanfte“ Beendigung nicht widerlegt. Gewiß haben dazu auch Ingeniosität und Klugheit einzelner Politiker in Ost und West beigetragen; ihr Erfolg beruhte aber in erster Linie auf der kriegsverhütenden Wirkung der Nuklearwaffen. Sie, die jeden Sieg im Krieg in die Apokalypse verwandelt und alle Politiker mit in die Katastrophe gerissen hätten, schufen in Ost und West jene Rationalität, der der Gewaltverzicht letztlich zu danken ist.

Dort, wo die Abschreckung ausrastete, trat die Gewalt durchaus auf. Vietnam und Afghanistan bilden die beiden herausragenden Anschauungsbeispiele, keineswegs aber die einzigen. Eine offizielle Zählung ergab allein für die USA seit 1945 47 Einsätze ihrer militärischen Gewalt;[26] die Wissenschaft verzeichnet für den Zeitraum 1945–1984 159 Kriege.[27]

Jeder einzelne dieser Gewalteinsätze bedarf der individuellen Analyse; am Beispiel Vietnam und Afghanistan aber kann schlaglichtartig beleuchtet werden, welche große Rolle die strategische Inkompetenz der Akteure in den Vereinigten Staaten und in der Sowjetunion bei ihrer Entstehung gespielt hat. Beide Länder wurden auf diese Weise in Bürgerkriege verwickelt, die zu gewinnen sie a priori außerstande waren.

Daß die strategische Kompetenz der Akteure als Gewaltquelle so lange unentdeckt bleiben konnte, ist auf die einmalige Fähigkeit der politischen Akteure zurückzuführen, die Ergebnisse ihrer Außenpolitik selbst zu qualifizieren. Ihre Innenpolitik wird von den Gesellschaften, die dazu einen unmittelbaren Zugang haben, eigenständig bewertet. Politische Fehler werden mit Konsensverweigerung und Mandatsentzug bestraft. Zur Außenpolitik hingegen haben die Gesellschaften Zugang nur über die Vermittlung durch die politischen Entscheidungsträger. Sie bestimmen, indem sie die Situation definieren, den Erfolg. So konnte Richard Nixon den um vier Jahre verzögerten Rückzug aus Vietnam als „Friede in Ehren" bewerten, Breschnew die Invasion in Afghanistan als die Befreiung des Landes ausgeben. Die Zwangsaktion gegen Saddam Hussein wurde von den Vereinten Nationen und den Staaten der ganzen Welt als Wiederherstellung des Völkerrechts bezeichnet, sicher zu Recht. Saddam Hussein aber hätte diesen Rechtsbruch nie begehen können, wäre er nicht von Frankreich, der Sowjetunion, der Bundesrepublik und den Vereinigten Staaten dazu hochgerüstet worden. Von den politischen Akteuren kann nicht verlangt werden, daß sie die Zukunft der Weltpolitik voraussehen. Wohl aber müßte ihre strategische Kompetenz so weit entwickelt sein, daß sie die Wirkungen abschätzen können, die umfangreiche Lieferungen modernster Waffen und Massenvernichtungsmittel an Staaten der Dritten Welt zeitigen können.

Die Theorie des Neorealismus muß aufgrund dieser Befunde erheblich ergänzt werden.[28] Sie gehört in das Zeitalter (und das Modell) der Staatenwelt, in der die Gesellschaften und die einzelnen so wenig zählten, daß Herrschaftsordnungen, strategische Inkompetenzen und Kriegstote nicht ins Gewicht fielen. Im Begriff der Staatsraison ging jede soziale Differenzierung unter. Die Beendigung des Ost-West-Konflikts durch die demokratischen Revolutionen und Reformen zeigt, welche Bedeutung dem Herrschaftssystem und dem politischen Konsens der Bürger zukommt. Die von der westlichen Öffentlichkeit erzwungene Hilfe der UN-Koalition für die von Saddam Hussein verfolgten Kurden und Schiiten zeigt, daß die ‚inneren Angelegenheiten' kein Freigehege des staatlichen Souveräns mehr sind, sondern im Hinblick auf die Einhaltung gewisser Mindeststandards schon der Kontrolle durch die Welt und die Weltorganisation unterliegen. Die UN-Resolution 688 hat hier Maßstäbe gesetzt. Eine liberale Theorie der internationalen Beziehungen und der Außenpolitik wird sie berücksichtigen müssen.

4. Die Neuordnung Europas

Konkretisiert man die Einsichten, die das Ende des Ost-West-Konflikts und die theoretischen Reflexionen darauf vermitteln, so muß die Neuordnung Europas folgenden Anforderungen genügen.[29] Sie muß auf symmetrischen Größen beruhen, die demokratisch und devolutionär/subsidiär organisiert sind, damit die Machtkonzentration und ihre Ausnutzung durch partikulare Interessen vermieden, Macht statt dessen dezentralisiert und besser verteilt werden kann. Diese Einheiten müssen in einer internationalen Organisation zusammengeschlossen werden, die in ihrer institutionalisierten Kooperation Übersicht vermittelt, Ungewißheit verringert und damit die aus der anarchischen Struktur des internationalen Systems fließenden Gewaltanlässe vermindert. Sie trägt durch tägliche Interaktion dazu bei, daß Fehlperzeptionen vermieden und der Verlauf der Interaktionen besser überwacht, kontrolliert und notfalls auch revidiert werden können. Schließlich muß die strategische Kompetenz der Akteure verbessert werden, damit sie unter den Bedingungen von Komplexität und Interdependenz Entscheidungen richtig treffen und richtig ausführen können.

Das Konzept in die politische Realität zu übertragen ist nicht einfach. Problemlos fügt sich die KSZE ein: Sie bildet die internationale Organisation, in der die GUS, der europäische Subkontinent, die USA und Kanada zusammenarbeiten können. Sie würde alle Leistungen erbringen, die der internationalen Organisation zuzuordnen sind: die Wirkungen der anarchischen Systemstruktur verringern, Interaktion überschaubar machen, Kooperation organisieren und erleichtern.

Die Gipfelkonferenz der KSZE im November 1990 beschloß bereits eine gewisse Institutionalisierung der KSZE. 1991 kamen eine Parlamentarische Versammlung und ein Krisenmechanismus hinzu, 1993 erhielt die KSZE einen Generalsekretär. Sehr viel schwieriger ist es, die Demokratisierung voranzutreiben und das Prinzip der Symmetrie in den verschiedenen Machtfiguren zu verwirklichen, deren Einzugsgebiet von Los Angeles bis Wladiwostok reicht.

Machtfigur Nordamerika, Westeuropa

Demokratisierung, Symmetrie und Organisation müssen auch die Zukunft der Atlantischen Gemeinschaft bestimmen. In ihr ist Westeuropa mit den Vereinigten Staaten und mit Kanada verbunden. Die Atlantische Gemeinschaft gerät leicht außer Sicht, wenn von der Neuordnung Europas die Rede ist. Sie ist aber deren unabdingbarer Bestandteil, und zwar nicht nur deswegen, weil Westeuropa auf absehbare Zeit für seine Sicherheit auf die Schutzfunktion der Vereinigten Staaten angewiesen sein wird. Die Zusammenarbeit beider in den Sachbereichen Wirtschaft und Sicherheit, ihre Interessenidentität auf dem Sachbereich Herrschaft, haben sich in der Vergangenheit als absolut komplementär erwiesen. Diese Interessengemeinschaft, zu der immer Kanada hinzugedacht werden muß, hat nicht nur den Ost-West-Konflikt bestanden, indem sie die erforderlichen Abschreckungspotentiale bereitstellte. Sie hat den Ost-West-Konflikt gewonnen, indem sie durch ihre Leistungen auf dem Gebiet der wirtschaftlichen Wohlfahrt und der Partizipation an der Herrschaft ständig dokumentierte, welche Fortschritte bei der Verbesserung der Entfaltungschancen des Individuums möglich und zeitgemäß waren. Darüber hinaus hat sich diese Interessengemeinschaft als Stabilisator der Welt erwiesen, politisch wie vor allem wirtschaftlich.

Diese Gemeinschaft war für die USA wie für Westeuropa selbst außerordentlich vorteilhaft. Es ist richtig, daß die Handelsbeziehungen der Vereinigten Staaten in den letzten Jahren sich stärker nach dem Pazifik, wo sie eine Wachstumsrate von 6 % jährlich aufwiesen, gerichtet haben als nach Westeuropa, wo das Wachstum nur 3 % betrug. Amerikas Handel mit Japan und den vier Schwellenländern Südkorea, Taiwan, Hongkong und Singapur ist allein fast gleich groß wie der mit der Europäischen Gemeinschaft. Aber der Vergleich der Volumen allein täuscht. Vier Fünftel des amerikanischen Handelsbilanzdefizits stammen aus dem Austausch mit Asien, allein die Hälfte aus dem Handel mit Japan. Zwar wies auch der Handel der USA mit Westeuropa ein Defizit auf; es war aber sehr viel kleiner als das gegenüber Asien und enthielt in den Beziehungen zu einzelnen Ländern, etwa Großbritannien, einen Überschuß.

Das richtige Bild zeigt sich aber erst, wenn man die Investitionen mitberücksichtigt. 40% der amerikanischen Auslandsinvestitionen gingen 1987 in die Europäische Gemeinschaft. Nimmt man noch die Schweiz und andere, nicht zur EG gehörige westeuropäische Industriestaaten hinzu, so entfallen auf sie beinahe 60% der amerikanischen Auslandsinvestitionen. Das wirtschaftliche Hauptinteresse der Vereinigten Staaten liegt nach wie vor in Westeuropa, dessen Investitionen in den USA in den achtziger Jahren ebenfalls erheblich zugenommen haben.

Die wirtschaftlichen Beziehungen zwischen den Vereinigten Staaten und der Europäischen Gemeinschaft konnten sich um so besser entfalten, als infolge der Integration die Europäische Gemeinschaft gleich groß und gleich stark ist wie die USA. Diese Symmetrie ist es, die es bisher erlaubt hat – und in Zukunft wohl auch erlauben wird –, die aufkommenden Konflikte konsensual zu regeln. Das ist entscheidend. Konflikte sind unvermeidbar und natürlich in einer Wirtschaftsbeziehung, die dreizehn Staaten und fast 600 Millionen Menschen umfaßt. Worauf es ankommt, ist, daß sie gemeinsam und im Wege des Kompromisses gelöst werden.

Von der Theorie darauf aufmerksam gemacht, daß eine derartige Interdependenz Organisation verlangt, stellt man verwundert fest, daß es eine solche organisierte Beziehung zwischen den Vereinigten Staaten und der Europäischen Gemeinschaft nicht gibt. Die Vereinigten Staaten sind Westeuropa lediglich in der Militärallianz der NATO verbunden. Alle anderen Beziehungen, multilateral wie bilateral, laufen ad hoc ab, geschützt lediglich durch die Dauer dieser Verfahren.

Es beginnt sich allerdings zu ändern. Angestoßen von Präsident Bush und Außenminister Baker, haben sich EG und USA in der Gemeinsamen Erklärung vom 23. November 1990 über „Grundsätze der Partnerschaft“ und einen institutionellen Rahmen für Konsultationen geeinigt. Am Tage zuvor hatten die EG und Kanada eine ähnliche Erklärung verabschiedet.

Die Tendenz ist richtig und sollte verstärkt werden. Denn die Beziehungen zwischen den Vereinigten Staaten und Westeuropa auf dem Sachgebiet der Sicherheit sind nach wie vor stark asymmetrisch; die Asymmetrie beherrscht auch ihre Organisation, die NATO. Organe und Entscheidungsprozesse der Militärallianz institutionalisieren das amerikanische Übergewicht. Dem haben die Westeuropäer nichts entgegenzusetzen, weil es auf dem Sachgebiet der Sicherheit, im Unterschied zu dem der wirtschaftlichen Wohlfahrt, keine europäische Gemeinschaft gibt.

Dafür gibt es zahlreiche historische und politische Gründe, die keinesfalls nur auf seiten der Vereinigten Staaten zu suchen sind. Großbritannien, Frankreich und die Bundesrepublik haben je auf ihre Weise der Bilateralisierung ihrer Beziehungen zu den Vereinigten Staaten den Vorzug gegeben vor einer multilateralen Zusammenarbeit in Westeuropa. Großbritannien wollte von der „special relationship“ zu den USA profitieren, Frankreich in der „peculiar relationship“ seine Handlungsfreiheit vergrößern, die Bundesrepublik in der „particular relationship“ zu den USA vermeiden, unter die französische Hegemonie zu geraten.[30]

In diese Struktur ist durch das Ende des Kalten Krieges Bewegung geraten. Bundeskanzler Kohl und Staatspräsident Mitterand hatten im Frühjahr 1990 verabredet, zeitgleich mit der europäischen Wirtschafts- und Währungsunion die politische Union zu verwirklichen. Dabei wurde Frankreich auch von dem Interesse geleitet, das schon 1952 die Montanunion geboren hatte, nämlich, durch Integration die deutsche Handlungsfreiheit zu beschränken. Das Ziel ist wichtig, die Strategie richtig und beides wird um so dringender, als sich die Handlungsfreiheit der Bundesrepublik durch den Machtzuwachs der Vereinigung mit der DDR erheblich erhöht und der Wegfall des Ost-West-Konflikts in ganz Westeuropa die Tendenz, in Kategorien nationaler Unabhängigkeit zu denken, verstärkt hat.

Von den USA ist letztlich kein Widerstand gegen eine politische Union Europas, die dann auch die sicherheitspolitische Säule der NATO darstellen würde, zu erwarten. Zahlreiche Äußerungen lassen erkennen, daß sie sich auf eine solche Entwicklung einstellen.[31] Zwar beharren sie für absehbare Zeit auf der NATO als sicherheitspolitischer Vorsorge und politischer Organisation der Atlantischen Gemeinschaft. Die Sicherheitsfunktion der Militärallianz ist so lange unentbehrlich, wie die Ungewißheit über die Entwicklung in der GUS anhält und die konventionelle Abrüstung, die mit dem ersten Wiener Abkommen von 1990 begonnen hat, nicht optimal vorangekommen ist.

In der Zwischenzeit wollen die Westeuropäer, wie sie es am 7. Februar 1992 in Maastricht beschlossen haben, sowohl die Wirtschafts- und Währungsunion wie auch die Politische Union verwirklichen. Ihr wächst, zumindest perspektivisch, in Gestalt der Westeuropäischen Union auch eine eigenständige sicherheitspolitische Komponente zu. Das sich hier manifestierende Interesse Westeuropas an der Emanzipation aus der amerikanischen Hegemonie führt, verstärkt noch durch die deutsch-französische Zusammenarbeit im Eurocorps, jedenfalls temporär zu Irritationen mit den Vereinigten Staaten, die ihren Führungseinfluß gefährdet sehen. Dieser Prozeß ist nicht aufzuhalten. Die USA werden aber für die Einbuße an direktem Führungseinfluß mehr als entschädigt durch die sicherheitspolitische Entlastung, die dann weit über das ‚burden sharing' hinausgeht.

Man könnte sogar daran denken, diese Beziehungen wegen ihrer Wichtigkeit in die institutionalisierte Form einer regionalen Organisation nach Artikel 52 der UN-Charta zu gießen.[32] Sie müßte neben den Exekutiven auch eine Vertretung der Parlamente aufweisen, ebenso eine Repräsentanz der großen gesellschaftlichen Interessen. Die Organisation könnte alle Teilverabredungen aufnehmen, auf dem sicherheitspolitischen Gebiet etwa einen neuen Verteidigungsvertrag zwischen den USA und der Westeuropäischen Union – falls diese die sicherheitspolitische Kooperation Westeuropas aufgenommen hat. Ein umfassender Handelsvertrag könnte die Wirtschaftsbeziehungen zwischen der EG und den USA regeln. Wie Perlen auf einer Schnur könnten sich solche Teilinstitutionalisierungen in die regionale Organisation einbringen lassen. Sie könnte auf diese Weise höchst flexibel den verschiedenen Ausprägungen von Interdependenz Rechnung tragen, ohne die Handlungsfreiheiten der beiden Teile dort einzuschränken, wo es nicht gewünscht wird.

Machtfigur Westeuropa, Osteuropa, GUS

Die Integration Westeuropas ist nicht nur für die Zukunft der Atlantischen Gemeinschaft, sondern auch für die des europäischen Subkontinents wichtig. Sie zu gestalten ist ebenso dringend wie schwierig, weil hier durch die Vergangenheit und die Auflösung des Ost-West-Konflikts der größte Handlungsbedarf besteht. Was landläufig die Europäische Friedensordnung genannt wird, muß im Verhältnis zwischen Westeuropa, Mittel- und Osteuropa sowie der GUS eingerichtet werden.

Demokratie, Symmetrie und internationale Organisation bilden die Richtpunkte dieser Ordnung. Entscheidend ist die Demokratisierung der osteuropäischen Staaten und der GUS. Der Westen kann hier nur Hilfestellung leisten, sollte diese aber sehr viel großzügiger gestalten wie bisher. Der Zusammenhang zwischen wirtschaftlicher Entwicklung und Demokratisierung weist der Wirtschaftshilfe und der Öffnung des westeuropäischen Marktes für die Produkte der osteuropäischen Staaten politische Bedeutung zu. Wenn es nicht rasch gelingt, die liberale Demokratie in Osteuropa und der GUS zu verfestigen, werden alsbald neue (und das heißt die alten) Machtkonflikte wieder auftreten.

In Europa eine symmetrische Machtfigur einzurichten, heißt vor allem, das riesige Rußland auszutarieren. Damit wird der Zusammenschluß der zwölf EG-Staaten auch von dieser Seite als funktional notwendig ausgewiesen. Er bildet einen Großraum, dessen Potentiale zu denen Rußlands wenigstens in Beziehung gesetzt werden können.

Dadurch entsteht nicht zwangsläufig Symmetrie. Denn zur

EG müssen die Rest-EFTA-Staaten hinzugezählt werden, die mit ihr den Europäischen Wirtschaftsraum (EWR) bilden wollen.[33] Hinzugezählt werden müssen die osteuropäischen Staaten, mindestens Polen, die Tschechei/Slowakei und Ungarn, die sich der EG assoziieren und ihr später auch beitreten wollen.

Geht man zunächst nur von der EG aus, so ergibt ein Potentialvergleich mit der GUS verschiedene Asymmetrien. Die GUS ist zehnmal so groß wie die Fläche der EG. Mit 330,5 Millionen Menschen überragt die Einwohnerzahl der EG die der GUS. Kommt nur noch Rußland als aktionsfähige politische Einheit in Betracht, dann wird es gerade die Hälfte der Einwohner der EG aufweisen. Im Bruttosozialprodukt pro Kopf, das 1988 in der EG 13500 USD, in der EFTA sogar 20190 USD, in der GUS aber nur 5020 USD betrug, drückt sich das Entwicklungsgefälle aus. Dafür bleibt Rußland im Sachbereich der Sicherheit der EG deutlich überlegen. Es besitzt das Quasi-Monopol im Bereich der Nuklearwaffen, denen die französischen und britischen Potentiale kein Paroli zu bieten vermögen.

Es ist nicht einfach, die verschiedenen Asymmetrien gegeneinander zu verrechnen und dabei den in der GUS sowie in West-, Mittel- und Osteuropa sich abzeichnenden politischen Entwicklungen Rechnung zu tragen. Die Europäische Gemeinschaft wird sich 1994 in die Europäische Politische Union (EPU) verwandeln; die GUS ist auf dem Wege, eine neue, lockere Föderation autonomer Teilrepubliken auszubilden. Durch gegenläufige Entwicklungen entstehen in der EPU und in der GUS gleich konstruierte Föderationen. Dazu muß sich allerdings die jetzige GUS erst entwickeln. Vorläufig ist sie ein von Rußland dominierter Verband, gegen dessen Konstruktion immer lauter Widerstand angemeldet wird. Unter dem Kürzel GUS ist also zweierlei zu verstehen: Einmal die noch von Gorbatschow gegründete Gemeinschaft alten Typs und dann jene Gemeinschaft, die aufgrund der Autonomiebestrebungen der einzelnen Republiken, vor allem der Ukraine und Weißrußlands, im Entstehen begriffen ist. Sollte diese neue Gemeinschaft nicht zustandekommen, sondern am Souveränitätsinteresse der einzelnen Republiken scheitern, wird die daraus resultierende Isolierung der einzelnen Republiken voneinander in die gemeinsame Peripherisierung führen. Deswegen ist der Aufbau einer neuen, der Europäischen Politischen Union ähnelnden Gemeinschaft Unabhängiger Staaten ein Requisit ihrer modernen Entwicklung. Wie im Westen müssen sich auch im Osten Subsidiarität und Föderalismus ergänzen lassen durch die notwendige Vergemeinschaftung der Aktivitäten vor allem im Sachbereich der wirtschaftlichen Wohlfahrt.

In diesen Aufbauprozeß Europas – wenn er denn so verläuft – müssen die EFTA-Staaten und die mittel- bzw. osteuropäischen Staaten eingefügt werden. Das bereitet große Schwierigkeiten, denn beide wollen oder dürfen auf absehbare Zeit der EPU nicht beitreten. Es wird lange dauern, bis Osteuropa die wirtschaftliche Entwicklung erreicht hat, die den EG-Beitritt ermöglicht, noch länger, Rußland davon zu überzeugen, daß der Beitritt Osteuropas zur EPU die Sicherheitssorgen Moskaus nicht verstärkt. Die EFTA-Staaten arbeiten noch am Konstrukt des Europäischen Wirtschaftsraums; einige, vielleicht alle, werden bereit sein, in die EG einzutreten, kaum aber in die EPU. Umgekehrt ist auch denkbar, daß manche EG-Staaten den Schritt in die EPU nicht mitvollziehen wollen.

Auf dem Reißbrett der Politik ergibt sich folgende Lösung: Nachdem sich die jetzige EG in die EPU verwandelt haben wird (eventuell mit Verlust einiger Mitglieder), bildet sie mit den EFTA-Staaten eine neue EG, jedenfalls deren wichtigster Bestandteil, eine Freihandelszone. Ihr werden die ost- und mitteleuropäischen Staaten assoziiert, und zwar bis ihre ökonomische Entwicklung so weit vorangeschritten ist, daß sie den Beitritt erlaubt. Das wird, wie sich anhand der Integration der DDR in den westdeutschen Markt gezeigt hat, geraume Zeit dauern. Danach können diese Staaten prüfen, ob sie auch der EPU beitreten wollen. Politisch, gesellschaftlich und kulturell gehören sie, wie die EFTA-Staaten auch, ohnehin dazu. Vergleichbares gilt für das Baltikum.

Zerfällt die GUS in autonome Republiken, können auch sie der neuen EG sich assoziieren und später auch beitreten. Bleibt die Gemeinschaft, wenn auch in neuer Form, erhalten und zuständig für die Außenwirtschaftspolitik, kommt eine Assoziation an die neue EG in Frage, später ebenfalls der Beitritt. Die Perspektive eines EPU-Beitritts dieser Gemeinschaft wird nicht versperrt, liegt aber doch in weiter Ferne und verlangt mehrere Zwischenschritte, die die Symmetrie bewahren.

Dieser Entwurf wirtschaftlicher Assoziation und Integration beläßt die ost- und mitteleuropäischen Staaten auf absehbare Zeit sicherheitspolitisch in einer Grauzone. Sie sind nicht mehr Mitglieder des Warschauer Pakts, aber noch nicht solche der NATO oder der WEU. Ihre geographische Lage als sicherheitspolitisches Glacis Rußlands macht es Moskau schwer, sie in die NATO oder die WEU zu entlassen. Die gemeinsame Mitgliedschaft im NATO-Kooperationsrat bildet eine sehr gute und praktikable Zwischenlösung, weil sie das Bewußtsein der Sicherheit in den osteuropäischen Staaten fördert und das in Rußland nicht beeinträchtigt.

Das sicherheitspolitische Problem Osteuropas kann verläßlich ohnehin nur gelöst werden in der angestrebten Neuordnung Europas, die den Gewaltverzicht in den politischen Strukturen verankert und nicht in militärischen Gleichgewichten. In der Zwischenzeit wird man davon ausgehen können, daß die Assoziation der osteuropäischen Staaten an die neue EG und später ihre Integration ihnen genügend politischen Schutz verleiht. NATO und NATO-Kooperationsrat (später die sicherheitspolitische Komponente der EPU) bilden eine Perspektive der Sicherheit, die für die Übergangsperiode, in der ja nur Ungewißheiten zu beseitigen, nicht Sicherheiten gegen reale Bedrohungen zu schaffen sind, ausreichen müßte.

Denn die eigentliche Garantie für ihre Unabhängigkeit finden die osteuropäischen Staaten in der prinzipiell kooperativen Beziehung, die zwischen Westeuropa und den USA einerseits, den Staaten der GUS andererseits einzurichten ist. Gelingt sie nicht, so entsteht rasch eine neue gewalthaltige Konfliktformation, die die Neuordnung Europas verhindert. Gelingt es aber, die unter Jelzin bestehende kooperative Beziehung zu erhalten und auszubauen, so liegt darin die beste Gewähr auch für die Unabhängigkeit und Sicherheit der osteuropäischen Staaten.

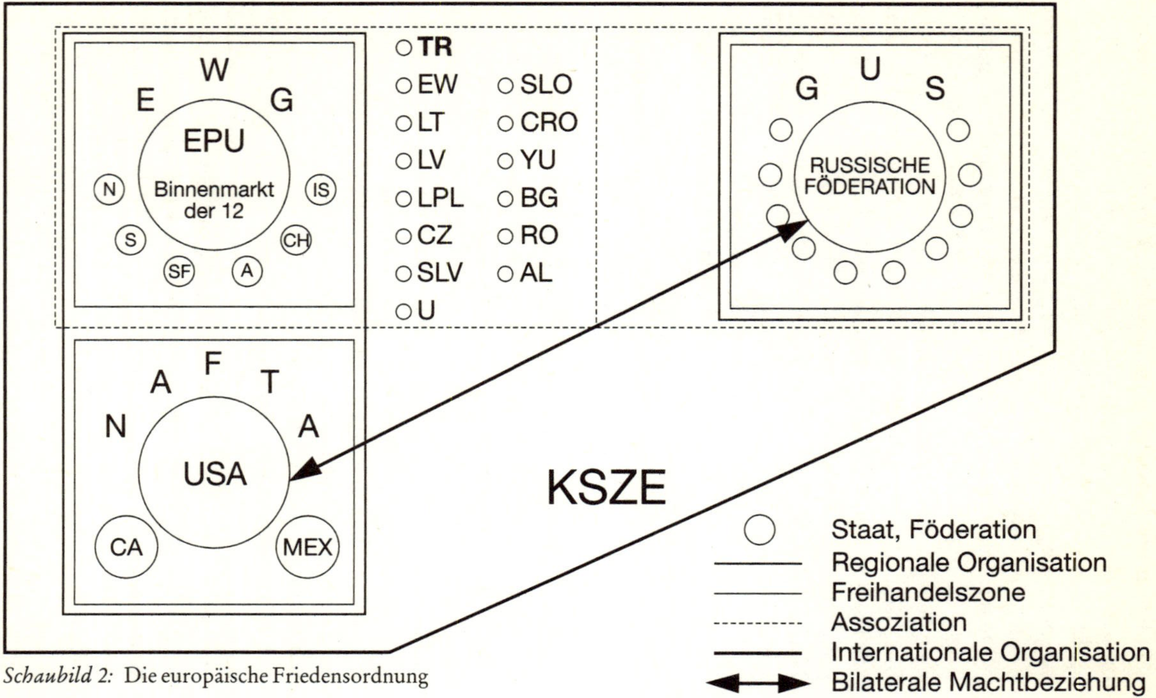

Schaubild 2: Die europäische Friedensordnung

Die Kooperation zu pflegen, ist Aufgabe der KSZE. Ihre erste Funktion allerdings besteht darin, im Verhältnis zwischen den Republiken der GUS einerseits, der EPU, den EFTA- und den osteuropäischen Staaten andererseits – demokratisiert wie sie alle sein müssen – die Wirkungen des nach wie vor anarchischen Systems abzuschwächen. Über diese Abmilderung des Sicherheitsdilemmas hinaus kann die KSZE in Europa eine Reihe außerordentlich wichtiger Aufgaben wahrnehmen. Ihr gehören praktisch alle Staaten Europas an. Konfliktprävention und Vermittlung, die Überwachung der Abrüstung und der Rüstungskontrolle sind der KSZE schon 1990 zugewiesen worden. Im Mai 1991 wurde ein Krisenmechanismus eingerichtet, 1992 hat sich die KSZE zur regionalen Unterorganisation der Vereinten Nationen nach Kapitel 52 UN-Charta erklärt. Um eine solche Funktion ausüben zu können, müßte sie freilich über den in Aussicht genommenen Generalsekretär hinaus erheblich ausgebaut werden. Sie könnte durchaus einen Sicherheitsrat und eine Generalversammlung analog zur globalen Organisation erhalten, könnte jedenfalls instand gesetzt werden, bei Konflikten zwischen ihren Mitgliedern zunächst mit friedlichen, dann mit friedenssichernden, notfalls auch mit friedenserzwingenden Maßnahmen diese daran zu hindern, die Konflikte mit Gewalt auszutragen.

Unter diesem Aspekt stellt sich der NATO-Kooperationsrat allzu leicht als Alternative zur KSZE dar. Er hat den Vorteil, in der NATO über eine eingefahrene, entscheidungsfähige und schlagkräftige Organisation zu verfügen, deren Mitglieder darüber hinaus sehr viel schneller zu einem Konsens gelangen können als die der KSZE. Dennoch sollte Europa dieser Versuchung nicht erliegen, weil sie ein Mißverständnis enthält. Die NATO ist eine Militärallianz, die auf die Verteidigung ihrer Mitglieder nach außen eingerichtet ist. Die KSZE hingegen ist eine regionale Organisation, die auf die Bearbeitung der Konflikte zwischen ihren Mitgliedern abgestellt ist. Deswegen muß die KSZE gestärkt werden, müssen ihr Entscheidungsinstanzen und Entscheidungsregeln beigegeben werden, mit denen sie auf die Konflikte zwischen ihren Mitgliedern einwirken kann. Daß sie, falls

Zwangsmaßnahmen eingesetzt werden müssen, damit die NATO beauftragen kann, steht auf einem anderen Blatt. Politisch aber, und vor allem unter dem herausragenden Gesichtspunkt der Gewaltverhinderung, muß die KSZE aktiviert und die NATO in den Hintergrund gerückt werden.

Bei dieser politischen Leistung würde die Europäische Politische Union mit der neuen EG und den ihr assoziierten Staaten in der KSZE der GUS nicht „gegenüberstehen“ (und vice versa); vielmehr wären beide durch diese Organisation kooperativ verklammert. Nehmen Zusammenarbeit und Vertrauen weiter zu, wird der spätere Beitritt der ost- und mitteleuropäischen Staaten zur EPU, der dann vielleicht auch die bisherigen EFTA-Staaten angehören, in Rußland keine Ängste mehr auslösen.

Gelingt es – das ist freilich die entscheidende Voraussetzung –, Rußland und die anderen Staaten der Gemeinschaft wirtschaftlich und politisch rasch zur Demokratie und zur sozialen Marktwirtschaft zu entwickeln, entsteht in Europa dann eine Machtfigur, die – bis auf die geographische Größe Rußlands – weitgehend symmetrisch ist. In der KSZE zusammengeschlossen, können die (vergrößerte) EPU und die Staaten der GUS ihre Zusammenarbeit kontinuierlich intensivieren. Da auch Nordamerika der KSZE angehört, entsteht ein Dreieck (nicht ganz) gleich großer Potentiale – die figurative Voraussetzung gewaltfreier Konfliktbearbeitung.

Es ist natürlich fraglich, ob dieses aus theoretischen Überlegungen abgeleitete Konstrukt einer möglichen Neuordnung Europas jemals politische Wirklichkeit werden wird. Niemand kann vorhersagen, wie sich die zentralasiatischen Republiken der GUS entscheiden werden, wie sich überhaupt die Beziehungen zwischen Rußland und den anderen Staaten der Gemeinschaft entwickeln werden. Eindeutiges Ergebnis der theoretischen Überlegung aber ist es, daß Rußland jede erdenkliche wirtschaftliche und politische Hilfe des Westens erhalten muß, damit es den Weg der Demokratisierung und der Marktwirtschaft rasch und erfolgreich beschreitet. Wie die Vereinigten Staaten nach 1945 Westeuropa in der richtigen Erkenntnis geholfen haben, daß nur symmetrische Potentiale zu stabilen und produktiven Beziehungen führen können, muß jetzt Westeuropa Rußland und den anderen Republiken der früheren Sowjetunion helfen. Der Gedanke, ihre wirtschaftliche Inferiorität und politische Instabilität können sich zugunsten Westeuropas ausnutzen lassen, ist ebenso naiv wie gefährlich. Er läßt den politischen Kräften in der GUS keine andere Wahl, als die wirtschaftliche und politische Entwicklung gegen den Westen, also in einer antagonistischen Bewegung, zu versuchen. Trägt, andererseits, die westliche Politik dazu bei, daß Rußland und die anderen Staaten der Gemeinschaft sich demokratisieren und liberalisieren, dann trifft ein, was der frühere amerikanische Außenminister Baker sehr treffend so bezeichnet hat: Demokraten im Kreml sind für die Sicherheit des Westens wichtiger als noch so viele Langstreckenraketen.

II. Die regionalisierte Welt

1. Polyarchie und Multipolarität

Blickt man über Europa hinaus, so hat das Ende des Ost-West-Konflikts die Welt dreifach verändert: Die Regionalmächte wurden gestärkt, die Gesellschaften haben sich emanzipiert und der Sachbereich Wirtschaft ist wichtiger geworden. Drei neue Weltbilder müssen also angefertigt werden. Das erste zeigt die Machtverteilung auf dem Sachbereich Sicherheit. Zwar ist die Welt keine Staatenwelt mehr. Noch immer aber sind die Gesellschaften staatlich geordnet, bildet die Funktion, Sicherheit zu erzeugen und zu gewährleisten, die Rechtfertigung für die Existenz von Staaten und ihrer politischen Systeme. Daher wird es Staaten im internationalen System geben, solange dieses System in seiner prinzipiell anarchischen Struktur existiert.

Was sich geändert hat, ist die Figur der Machtverteilung in diesem System. Der Ost-West-Konflikt war eine globale Beziehung gewesen, dem alle Staaten der Welt entweder eingeordnet oder zugeordnet waren. Auch die Bündnisfreien definierten sich durch ihn. Der Antagonismus der beiden Supermächte präsentierte die Möglichkeit des nuklearen Weltuntergangs. Diese Gefahr und die Arbeit an ihrer Vermeidung hatten einen weltweit wirkenden Politikzusammenhang geschaffen, dem auch die jeweilige Klientel unterworfen wurde. Zur Zeit des Kalten Krieges hätte Saddam Hussein wohl kaum vermocht, Kuwait zu überfallen. Die Sowjetunion, die sein Hauptverbündeter war, hätte ihn daran gehindert, um eine Konfrontation der Supermächte zu vermeiden.

Mit dem Ende des Ost-West-Konflikts zerbrach dieser vereinheitlichende Verhaltenszwang. Die sich entwickelnde Kooperation der Supermächte beseitigte nicht nur die Gefahr des globalen Nuklearkrieges, sie schwächte die Lagerbildung ab, hob

Koalitionszwänge auf. Der „imperial overstretch" (Paul Kennedy), von dem beide Supermächte, wenn auch sehr unterschiedlich, betroffen wurden, minderte ihre Integrationskraft, förderte die Emanzipation der früheren Klienten. Mit der Auflösung der Sowjetunion verloren die USA, die einzig verbliebene Supermacht, den großen Hebel ihrer globalen Gestaltungskraft.

Von der zentripetal wirkenden Kraft des Ost-West-Konflikts befreit, zeigen die internationalen Beziehungen der Welt jetzt zentrifugale Tendenzen, die zu Polyarchie und Multipolarität führen. In der Welt der neunziger Jahre wird es viele Großmächte geben, die um die Führung in der jeweiligen Weltregion kämpfen, und es wird viele Konflikte geben, die einen regional-endogenen Charakter aufweisen, wenn sie nicht sogar schon innerstaatliche Kriege sind. Die Annexion Kuwaits bildete den ersten Schritt des Irak in die Führungsrolle der arabischen Welt und zur Vormachtposition am Persischen Golf. In der Dritten Welt wurden 1990 150 gewaltsame Auseinandersetzungen gezählt,[1] in denen es entweder innerstaatlich oder zwischenstaatlich um die Macht ging.

Die Ausbildung der polyarchen und multipolaren Welt ist durch die Beendigung des Ost-West-Konflikts maßgeblich beschleunigt, aber nicht durch sie erzeugt worden. Ihre Anfänge liegen früher, reichen in die Dekade von 1960 bis 1970 zurück.[2] Zwar war der Ost-West-Konflikt zu dieser Zeit noch voll im Gange, aber er veränderte sein Objekt und seinen Einzugsbereich. Seit 1955, seit der Genfer Gipfelkonferenz, auf der die Teilung Europas abgeschlossen wurde, datiert das Interesse der beiden Supermächte an der Entspannung. Seit 1960, dem „Jahr Afrikas", galt die Entkolonialisierung als abgeschlossen, bevölkerte sich die außereuropäische Welt mit politisch souveränen, wenn auch wirtschaftlich abhängigen Staaten. Die Weltpolitik – und mit ihr der Ost-West-Konflikt – wurde enteuropäisiert. Die USA verausgabten sich im Vietnamkrieg; die Sowjetunion, die in der Kuba-Krise von 1962 gedemütigt worden war, rüstete sich zur zweiten Supermacht auf. Am Ende der sechziger Jahre machten sich beide daran, in Berlin die letzten Restposten der europäischen Teilung zu normalisieren, um auf dieser Basis die Entspannung der Nachkriegszeit vertiefen zu können. Amerika nahm die politischen Kontakte zur Volksrepublik China auf; Präsident Nixon verkündete in der nach ihm benannten Doktrin den Rückzug der USA auf die indirekte Weltführung in einem partiellen Duopol mit der Sowjetunion.[3] Breschnew ging auf dieses Angebot nicht ein, weil es die „Selbsteindämmung" der Sowjetunion bedeutet haben würde, die durch ihre nukleare und maritime Aufrüstung eben erst den Status der zweiten Supermacht erreicht hatte. Zu dieser militärischen Parität wollte Breschnew nunmehr die politische Parität mit den Vereinigten Staaten gesellen, und zwar durch eine Expansion sowjetischen Einflusses in die Dritte Welt.

Damit veränderte zu Beginn der siebziger Jahre der Ost-West-Konflikt sein Objekt und seine Walstatt. Er verlagerte sich in die Dritte Welt und wurde immer mehr zu einer klassischen Machtrivalität zwischen den beiden Supermächten. Der sekundäre Konflikt nahm überhand und trieb damit auch den abgeleiteten Konflikt der Rüstungsdynamik an. Wenn auch die Strategien, die Richard Nixon, Jimmy Carter und Ronald Reagan in der Auseinandersetzung mit der Sowjetunion verfolgten, sachlich stark differierten, so waren sie sich in dem Versuch einig, der Sowjetunion zumindest die politische Parität zu nehmen.[4] Ronald Reagan versuchte in seiner ersten Amtszeit sogar, ihr auch die militärische Parität wieder abzujagen: Hierin lag die außenpolitische Begründung für die von ihm durchgesetzte Verdoppelung des amerikanischen Rüstungshaushalts. Die – zwar offiziell nicht so genannte – Reagan-Doktrin versuchte nach 1985, den sowjetischen Einfluß aus der Dritten Welt durch eine „Kriegführung geringer Intensität" zu vertreiben.[5]

Derartig ineinander verkrallt, übersahen die beiden Supermächte die neuen Kraftfelder, die sich im Windschatten ihrer Auseinandersetzung herauszubilden begannen. 1957 war die Europäische Wirtschaftsgemeinschaft gegründet worden; in den sechziger Jahren begann der wirtschaftliche Aufstieg Japans. Zur gleichen Zeit emanzipierten sich die Transnationalen Konzerne aus ihren Heimatländern und leiteten den Integrationsprozeß der Weltwirtschaft ein. Der Volksrepublik China gelang es, den

Kommunismus beizubehalten, aber durch die Privatisierung der chinesischen Landwirtschaft den ökonomischen Versorgungsgrad der Volksrepublik weit über den zu heben, der in der Sowjetunion möglich war. Der große Erfolg Präsident Carters in Camp David hatte Israel nicht daran gehindert, sich der amerikanischen Obhut langsam zu entwinden und nach 1983 eine militärische Führungsrolle im Nahen Osten zu übernehmen. Kurz: Während der Ost-West-Konflikt immer mehr zu einer dualen Machtrivalität zwischen Washington und Moskau wurde, die Bipolarität sich auf die beiden Supermächte konzentrierte und dabei intensivierte, formierte sich die polyarche und multipolare Welt.

Freilich wurde sie durch den Ost-West-Konflikt noch immer diszipliniert. Einmal kontrollierten die beiden Supermächte ihre jeweiligen Allianzen, zum anderen schreckten sie sich selbst und die übrige Welt von Alleingängen ab. Seitdem die Sowjetunion 1954 die erste Wasserstoffbombe und 1957 die erste Interkontinentalrakete produziert hatte, wurde in der daraus folgenden wechselseitigen Abschreckung die Vermeidung des Nuklearkriegs zum obersten Ziel auf beiden Seiten. Sie bewirkte den Konfrontationsverzicht in der Welt. Erstmals 1956 anläßlich der Suez-Krise demonstriert, charakterisierte dieser Verzicht den weltpolitischen Antagonismus der beiden Supermächte. Wann immer eine von ihnen durch den Einsatz direkter Gewalt vitales Interesse bekundete – zum Beispiel die Vereinigten Staaten in Vietnam oder die Sowjetunion in Afghanistan –, verzichtete die andere auf eine militärische Einmischung. Die Gefahr, darüber in einen direkten Abtausch von Nuklearwaffen zu geraten, war viel größer als jeder auch nur denkbare politische Terraingewinn.

Die Furcht vor dem nuklearen Holocaust domestizierte aber auch alle anderen Staaten in der Welt. Die Möglichkeit, daß die Welt in einem Nuklearkrieg zugrunde gehen könnte, ist einer der beiden nachweisbaren globalen Interaktionszusammenhänge. Der zweite wird von der Umweltverschmutzung gebildet, insbesondere von der der Atmosphäre, des Weltraums und des Wassers. Nur diese beiden Interaktionszusammenhänge sind global, weil sie real die ganze Welt erfassen bzw. erfassen können.

Während die weltweite Bedrohung durch die Umweltschäden erst langsam ins politische Bewußtsein dringt, war die Gefahr der nuklearen Zerstörung der Welt immer präsent und handlungsleitend.

Die Welt wurde vom Ost-West-Konflikt also doppelt diszipliniert. Über allen Staaten hing die Drohung, daß jeder Konflikt die Supermächte miteinbeziehen und zum nuklearen Weltkrieg führen könnte. Selbst die Bündnisfreien waren in das Konflikt- und Drohsystem integriert, sie konnten sich nur negativ definieren. Die beiden Supermächte richteten ihre Weltpolitik danach aus, versuchten mit der Auslandshilfe, dem Waffenexport und der Kulturpolitik die Drittweltländer in ihre jeweilige Einflußzone zu integrieren.

Im Zusammenbruch des Ost-West-Konflikts löste sich dieser disziplinierende Zusammenhang auf. Die Welt wurde von dem Korsett befreit, das der Antagonismus der Supermächte um sie herumgelegt hatte. Gorbatschow liquidierte die Breschnewsche Weltpolitik mit dem Ergebnis, daß 1988 die fünf mit ihr zusammenhängenden Peripheriekriege zu Ende gingen: in Afghanistan, Angola und Namibia, Kambodscha und in der West-Sahara. Sie sind zwar noch nicht durchweg gelöst, aber doch beruhigt worden. Seinen spektakulärsten Ausdruck fand das Ende des Ost-West-Konflikts in der beginnenden und sich verstärkenden Zusammenarbeit der beiden Supermächte bei der weltpolitischen Behandlung der Golfkrise. Der Konflikt zwischen ihnen war nicht nur zu Ende gegangen, er war in Kooperation umgeschlagen.

Damit wurden alle diejenigen Kräfte freigesetzt, die bisher von dem Konflikt verdeckt, in ihn eingebunden oder von ihm abgeschreckt worden waren. Die USA und Rußland haben weder ein Interesse noch die Möglichkeit, ihre Lagerbildungen fortzusetzen. Aber auch die abschreckende Wirkung der Atomwaffen ist aufgehoben worden, die Furcht vor einem Nuklearkrieg existiert nicht mehr. Dadurch sind Handlungsfreiheiten entstanden, von denen die Weltregionen und die Regionalstaaten profitieren, allen voran die Vereinigten Staaten. Sie genießen nach der Selbstaufgabe ihres Rivalen eine Machtvollkommenheit als Weltsupermacht Nummer Eins, von der sie selbst in den fünfziger Jahren nicht zu träumen gewagt hatten.

Wie die neue Machtfigur der Welt in den neunziger Jahren sich entwickeln wird, läßt sich nicht absehen. Aber es ist möglich, die nach dem Ende des Ost-West-Konflikts entstandene Figur, die Polyarchie, zu beschreiben, einige der die Multipolarität ausmachenden Konfliktformationen zu nennen und die neuen globalen Steuerungsmöglichkeiten, insbesondere die der Vereinten Nationen, zu untersuchen.

2. Die USA und Rußland

Die Vereinigten Staaten haben die Selbstliquidierung der sowjetischen Weltpolitik mit Klugheit und Generosität zur Kenntnis genommen und es auf diese Weise Gorbatschow leichtgemacht, diese für ihn schwierige Politik auch weiterzuführen. Dennoch herrschte 1991 in Washington Unklarheit über die künftige Qualität der amerikanisch-sowjetischen Beziehungen. Sie würde verstärkt durch das ungewisse Schicksal der inneren sowjetischen Entwicklung, die sowohl in einem Zerfall der Union, die sie als weltpolitischen Faktor beseitigen würde, wie in einer militärischen Eruption enden konnte, aus der ein neuer Gegner entsteht.[6] Selbst wenn, was man in Washington natürlich hoffte, der Devolutionsprozeß in der Sowjetunion geordnet weiterging und in einer demokratisierten Konföderation endete, blieb die Sowjetunion aufgrund ihres Nuklearpotentials eine zumindest auf diesem Gebiet rivalisierende Supermacht.

Wie sollte sich Washington zu einer Sowjetunion verhalten, die jetzt Kooperation anbot, aber die für eine Bedrohung erforderlichen Rüstungspotentiale noch immer besaß?[7] Bushs Sicherheitsberater Scowcroft sah die Sowjetunion „im Übergang von klarer Feindseligkeit zu etwas, von dem ich nicht sicher bin, daß wir es gegenwärtig richtig definieren können“.[8] Eine ähnliche Bewertung hatte die Bush-Administration schon in ihrem National Security Strategy Report vom März 1990 abgegeben.[9] Die Sowjetunion galt nicht mehr als Gegner, aber der Rücktritt

Außenminister Schewardnadses im Dezember 1990 hatte, wenn auch nur inoffiziell, die Unruhe Washingtons verstärkt, weil er den Sturz Gorbatschows vorwegzunehmen schien. Wurde auch nach einem solchen Ereignis keine Rückkehr zum Kalten Krieg erwartet, so könnte es doch die Beziehungen zu Washington beeinflussen.

In dieser schwierigen Lage entschloß sich die Bush-Administration dazu, die Zusammenarbeit mit der Sowjetunion weltweit zu genießen und zu fördern. Wie schon 1989, so lobte Außenminister Baker auch im Oktober 1990 die Zusammenarbeit, die die Sowjetunion bei der Liquidierung der Regionalkonflikte in Zentralamerika, in Angola und Namibia, Kambodscha und im Horn von Afrika praktiziert hatte. Er pries Moskaus unerschütterliche Kritik an der Besetzung Kuwaits durch den Irak. Angesichts dessen sah Baker „normale Beziehungen", ja „sogar eine echte Partnerschaft", in Reichweite.[10]

Baker und Bush scheuten aber davor zurück, den innenpolitischen Wandlungsprozeß in der Sowjetunion substantiell zu unterstützen. Sie boten gute Wünsche und die Intensivierung der zwischengesellschaftlichen Kontakte, aber keine Wirtschaftshilfe an. Am Widerstand des amerikanischen Präsidenten scheiterte auf dem Weltwirtschaftsgipfel von Houston im Juli 1990 eine von Gorbatschow sogar brieflich erbetene Hilfsmaßnahme des Westens. Bush hatte am 12. Dezember 1990 das Jackson/Vanik-Amendment bis Juli 1991 ausgesetzt, aber nur für landwirtschaftliche Kredite in Höhe von 1 Mrd. USD. Den im Juni 1990 abgeschlossenen Handelsvertrag, der der Sowjetunion die Meistbegünstigung einräumen würde, hielt Bush zurück, bis die Sowjetunion ihre Emigrationsgesetzgebung abgeschlossen hat.[11]

Für die Zurückhaltung der Regierung Bush gab es mehrere Gründe. Zunächst ist es nicht sinnvoll, den Zusammenbruch eines maroden Wirtschaftssystems durch Finanzhilfen künstlich aufzuhalten; sie konnten auch als Versuch der Einmischung von außen gedeutet werden und die Probleme Gorbatschows noch erhöhen. Bush und Baker betrieben die richtige Strategie: Durch enge, geradezu freundschaftliche Kooperation in der Weltpolitik den Konfliktdruck zu mindern und damit der Sowjetunion, der

Regierung wie der Opposition, Gelegenheit zu geben, in Ruhe und Sicherheit die notwendigen Reformen vorzunehmen. Was Präsident Bush gleich zu Anfang seiner Amtszeit bekanntgegeben hatte, nämlich daß er den Zerfall der sowjetischen Macht nicht ausbeuten werde, hat er gehalten.

Die Bedeutung dieser großartigen politischen Leistung Präsident Bushs und seines Außenministers Baker wird in keiner Weise verringert, wenn man bedenkt, daß sie nicht ganz uneigennützig war. Würde die Sowjetunion untergehen, so verlören die USA das weltpolitische Gegenlager, mit dem sie einerseits ihren Supermachtanspruch begründeten, mit dem sie ihn andererseits aber auch implementierten.[12] Seit 1985 war das Verhältnis zwischen den beiden Supermächten durch zunehmende Kooperation, aber gleichzeitig auch durch den noch nicht beendeten Konflikt gekennzeichnet gewesen. Solange die Sowjetunion bestand, war sie Partner und Gegner zugleich. Dieser angenehme Zustand, in dem die USA die Sowjetunion nicht mehr zu fürchten brauchten, mit ihr sogar zusammenarbeiten und dennoch innen- wie außenpolitisch jederzeit auf ihre Existenz als Bedrohungsfaktor verweisen konnten, mußte solange wie möglich beibehalten werden. Deswegen hat später Präsident Bush den gestürzten Gorbatschow durch Jelzin und die aufgelöste Sowjetunion durch Rußland ersetzt.

Bis zum 31. Dezember 1991 gab es aber noch beide, gab es jene eigenartige Mischung von zunehmender Zusammenarbeit und sich zurückbildender – aber eben nicht auflösender – Rivalität, die das Verhältnis zwischen den beiden Supermächten seit 1985 gekennzeichnet hatte.

Es spiegelt sich in dem sensitivsten Bereich dieser Beziehung, in der Rüstungskontrolle und Abrüstung. Die Verifikationsprotokolle des Schwellenvertrages von 1974 und des Vertrages über die friedliche Nutzung der Atomenergie von 1976 konnten aufgrund sowjetischer Konzessionen im Oktober 1990 unterzeichnet und in den Vereinigten Staaten auch ratifiziert werden. Der seit langem verhandelte START-Vertrag hingegen konnte auf dem Gipfeltreffen zwischen Gorbatschow und Bush (31.5.–4.6. 1990 in Washington) nicht unterschrieben werden. Wie die

Grundsatzerklärung der beiden Staatschefs erkennen ließ, hatte sich an dem START-Rahmen bis dahin nichts geändert. Beide Seiten sollten 1600 Startgeräte und 6000 Sprengköpfe behalten. Jenseits dieses Limits bestanden nach wie vor große Interessenunterschiede hinsichtlich der Anzahl der Sprengköpfe auf ICBMs und SLBMs, der Zählregeln für ALCMs und der mobilen Systeme. Auch blieben die SLCMs wie bisher ausgeklammert, wurden lediglich nur bindenden Erklärungen unterworfen.[13] Daß der START-Vertrag nun schon seit Jahren als unterschriftsreif bezeichnet, die Unterzeichnung aber immer wieder verschoben wurde, ließ darauf schließen, daß die Gründe nicht militärisch-technischer, sondern politischer Natur waren. Im Frühjahr 1991 mußten sogar sowjetische Nachbesserungswünsche am konventionellen Abrüstungsvertrag herhalten, um in den USA die Vertagung des für den Februar 1991 vorgesehenen Gipfeltreffens und der Unterschrift unter den START-Vertrag zu erklären.

Auf der vierten Überprüfungskonferenz des Atomwaffensperrvertrags im September 1990 in Genf ließen es die beiden Supermächte an ihrer Bereitschaft fehlen, mit einer dezidierten Abrüstungspolitik ihre Forderung nach Nicht-Weiterverbreitung und Atomwaffenverzicht seriöser werden zu lassen.[14]

Von einem umfassenden Verbot aller unterirdischen Atomversuche blieben beide Supermächte weit entfernt. Die Sowjetunion hat im November 1990 einen neuen Versuch unternommen. Die Teststoppkonferenz (PTBT) im Januar 1991 zeigte keine Kompromißbereitschaft Washingtons und Moskaus. Am 1. Juni 1990 unterschrieben Moskau und Washington einen Vertrag, der die Chemiewaffen um 80–90 % verringern soll, allerdings über einen langen Zeitraum.[15]

Nur in den Waffenlieferungen an die Dritte Welt zeichnete sich die Beruhigung des Ost-West-Konflikts deutlich ab. Mit 30,4 Mrd. USD belief sich der Umfang neuer Waffenlieferungsverträge 1989 nur noch auf die Hälfte des Betrages von 1982, nämlich 61,4 Mrd. Dabei verringerte die Sowjetunion den Umfang ihrer Verpflichtungen. Er fiel von 26,1 Mrd. USD 1982 auf 11,2 Mrd. USD 1989, während der der Vereinigten Staaten nur um rund ein Viertel gesenkt wurde, von 12,9 Mrd. auf 7,7 Mrd. USD 1989. Nach wie vor stand die Sowjetunion mit einem Anteil von 38,3 % an der Spitze aller Waffenlieferanten, gefolgt von den Vereinigten Staaten, die zu 26,3 % daran beteiligt waren. Es folgten dann Großbritannien mit 10,9 % und, 1989 sogar auf Platz 4, die Bundesrepublik mit 4,4 %.[16]

Bei diesem Rückgang spielt zunächst die Sättigung des Marktes und die daraus folgende Zurückhaltung der Käufer eine Rolle. Hinzu kam die Verschuldung der Dritten Welt. Aber auch die Beendigung des Ost-West-Konflikts wirkte ein. Es gab keinen Anlaß für die Supermächte mehr, sich mit Hilfe von Waffenlieferungen an Alliierte in der Dritten Welt zu bekämpfen. So verlängerten die Vereinigten Staaten den Vertrag mit Somalia über die Benutzung des Hafens von Berbera nicht, beendete Moskau die Unterstützung Äthiopiens, lieferten beide keine Waffen mehr an Angola.

Dennoch wurden die Waffenlieferungen und die militärische Auslandshilfe nicht gänzlich eingestellt. Infolge der Golfkrise haben die Vereinigten Staaten ihre Waffenlieferungen an Saudi-Arabien und die Golfstaaten erheblich aufgestockt.[17] Die Nachfrage nach den „smart weapons", die ihre Leistungsfähigkeit bei der Bekämpfung des Irak unter Beweis gestellt haben, wird weltweit steigen und befriedigt werden. Präsident Bush hat im März 1991 den Kongreß sogar um Bereitstellung staatlicher Exportkredite für neue Waffenverkäufe gebeten. Die amerikanische Auslandshilfe für 1990 wurde, wie schon bisher, fast zur Hälfte als Militärhilfe vergeben, zunächst an Ägypten und Israel, dann an Griechenland, Portugal, die Türkei und die Philippinen, an Staaten also, in denen sich amerikanische Basen befanden.[18] Jedenfalls auf amerikanischer Seite blieb die Infrastruktur der „power projection" erhalten, auch wenn sie sich nicht mehr gegen die Sowjetunion richtete, sondern die Machtvollkommenheit der globalen Vormacht USA unterstrich.

Eine qualitative Veränderung des Verhältnisses zwischen den beiden früheren Gegnern fand erst mit der Auflösung der Sowjetunion und dem Machtwechsel von Gorbatschow zu Jelzin statt. Das entscheidende innersowjetische Ferment dieser Entwicklung war wohl der Putsch gegen Gorbatschow am 19. August 1991, aus dem Boris Jelzin als der eigentliche Sieger und der Repräsentant der auf die Demokratisierung und die Liberalisierung Rußlands gerichteten Kräfte hervorging.

Die Auflösung der Sowjetunion hatte für die USA größere Folgen als das Ende des Ost-West-Konflikts und die Selbstauflösung des Kommunismus. Mit dem Übergang von der Sowjetunion in die GUS hatte sich die Machtfigur in der Welt entscheidend verändert. Die Supermacht Sowjetunion war verschwunden, hatte sich aufgelöst in ein kompliziertes Miteinander von fünfzehn Republiken der neuen Gemeinschaft Unabhängiger Staaten. Es gab jetzt nur noch eine Supermacht, die USA, die zwar noch auf Rußland verweisen, aber ihre Supermachtposition damit nicht mehr rechtfertigen konnte. Der Untergang der Sowjetunion stellte die USA vor die größte Herausforderung nach 1945. Sie mußte jetzt ihre gesamte Weltpolitik nicht nur neu ordnen, sondern auch neu begründen.

Daß sich die Sowjetunion in einen wirtschaftlich-politischen Problemfall verwandelt hatte, ging nicht nur die USA, sondern alle NATO-Staaten und Japan an. Die Krise in Jugoslawien hatte en miniature gezeigt, wieviel menschliches Leid und politisches Chaos die Zerfallsprozesse morbider kommunistischer Imperien erzeugen konnten. Anders als in Jugoslawien standen zwar mit Gorbatschow in der Sowjetunion und dann mit Jelzin in Rußland große Politiker bereit, die den Auflösungsprozeß zugunsten der Demokratisierung und der Marktwirtschaft betreiben wollten. Dazu brauchten sie aber die wirtschaftliche und die politische Hilfe der Industriestaaten. Unter ihnen begriff zunächst die Bundesrepublik mit Helmut Kohl die Dringlichkeit. Obwohl durch die Eingliederung der früheren DDR überaus stark belastet, brachte sie bis 1993 allein mehr als 80 Mrd. DM an Hilfe auf, während der Westen insgesamt 1992 nur rund 40 Mrd. DM zur Verfügung gestellt hatte, meist aus Krediten und Umschuldungen bestehend.

Die Position des Westens änderte sich grundlegend erst im Frühjahr 1993. In den USA waren mit Bill Clinton die Demokraten an die Macht im Weißen Haus gekommen; sie bewerteten die

Unterstützung der Demokratisierungsprozesse in Rußland sehr viel höher als die Republikaner. In Rußland war Jelzin so stark unter den Druck der Konservativen geraten, daß mit seinem Sturz gerechnet werden mußte. Noch vor dem russischen Referendum vom 25. April 1993, das Jelzins Reformkurs bestätigte, stellte der Westen ein von Moskau als ausreichend bezeichnetes Hilfspaket in Höhe von 43 Mrd. USD zusammen. Ein Jahr früher effektiv gegeben – und nicht nur versprochen – hätte es sein Ziel erreicht. 1993 konnte es sehr viel weniger ausrichten.

Politikhilfe wurde vom Westen überhaupt nicht gegeben. Zwar wurden Gipfeltreffen veranstaltet und partnerschaftliche Worte angeboten. Der Westen dachte aber nie darüber nach, welche politischen Wirkungen die praktisch unverändert beibehaltene Größe der NATO in Rußland haben mußte. Dort wurden das Militärbudget und die Rüstungsproduktion allein 1992 um 20–60 % gekürzt.[19] Im Westen wurden die Rüstungsbudgets entweder nur eingefroren oder um 1 % pro Jahr gekürzt. Nur die USA gingen mit einer vierprozentigen Kürzung pro Jahr darüber hinaus, wobei die Regierung Clinton über die noch von Präsident Bush gesetzte Marge hinausgehen wollte.

Das war, alles in allem, keine überzeugende Antwort auf das Ende der Ost-West-Konfrontation. Statt radikal ein Vorkonfliktniveau der Rüstung anzustreben, rechtfertigten die NATO-Staaten ihre faktisch beibehaltene Hochrüstung mit Hinweisen auf diffuse Bedrohungen aus der Dritten Welt. Sie stellten sich auf schnelle Interventionen in der ganzen Welt ein. Die Bundesrepublik ihrerseits suchte jeden Vorwand, um die bisher bestehenden Einsatzbeschränkungen für die Bundeswehr abzustreifen.

Den russischen Konservativen diente dieses Verhalten als internationaler Kontext dazu, Jelzin für den Ausverkauf russischer Macht und russischen Ansehens zu kritisieren. Wenn auch so nicht beabsichtigt, lief die westliche Abrüstungsverweigerung also auf eine direkte Schädigung der Reformer in Rußland hinaus, auf das Gegenteil von Politikhilfe. Ohne es zu merken, konterkarierte der Westen durch sein Verhalten zu Hause seine politischen Interessen in Rußland und sein wichtigstes Ziel, nämlich die Kontrolle, Verringerung und Nichtverbreitung der Nuklearwaffen der ehemaligen Sowjetunion.

Dieses Interesse hatten die USA schon unter George Bush ganz frühzeitig und aktiv verfolgt. Sie fürchteten um ihre Sicherheit und um die der Welt, wenn das sowjetische Nuklearpotential in falsche Hände geriete. Es befand sich nicht nur in Rußland, sondern auch in der Ukraine (mit 176 ICBMs und 1650 Sprengköpfen) sowie Weißrußland und Kasachstan (mit ebensoviel Sprengköpfen). Angesichts dieser Diversifikation des früheren sowjetischen Nuklearpotentials konnten die USA nicht mehr nur auf Rußland, sondern mußten auch auf die drei anderen Republiken setzen.

Präsident Bush verstärkte die Kooperation mit Rußland, um die drei anderen Staaten zur Aufgabe ihres Nuklearpotentials zu bewegen und die Weiterverbreitung dieser Waffen insgesamt einzudämmen. Noch bevor der im Sommer 1991 unterzeichnete START-I-Vertrag ratifiziert worden war – das geschah erst im Herbst 1992 –, verabredeten die Präsidenten Bush und Jelzin die Umrisse des START-II-Vertrages, den sie am 3. Januar 1993 unterschrieben. Er sollte alle landgestützten strategischen Raketen mit Mehrfachsprengköpfen beseitigen und die Zahl der Sprengköpfe insgesamt auf ungefähr 3000 pro Seite absenken. Wahrscheinlich wäre es sinnvoller gewesen, die Ukraine, Kasachstan und Weißrußland zu diesen Verhandlungen zwischen Rußland und den Vereinigten Staaten hinzuzuziehen, sie gleichberechtigt zu beteiligen. Statt dessen wurden sie aufgefordert, dem START-I-Vertrag beizutreten, was sie im Mai 1992 taten, und auch den Nichtverbreitungsvertrag zu unterzeichnen, was die Ukraine nicht tat. Kiew hat auch bis zum Frühjahr 1993 den START-I-Vertrag nicht ratifiziert – beides unter ausdrücklichem Hinweis auf die Stärkung der antidemokratischen Tendenzen in Rußland.

Von der Mitverantwortung an dieser Entwicklung kann sich der Westen nicht freisprechen. Natürlich sind für die innenpolitische Entwicklung eines Staates zunächst sein politisches System und seine Gesellschaft verantwortlich. Gleich danach rangiert aber doch die internationale Umwelt, die auf die

Innenpolitik entscheidend Einfluß nimmt. Die USA registrierten diesen Einfluß auf ihrer Seite ganz deutlich, als sogar Präsident Clinton einen Abrüstungsstopp in Aussicht stellte, falls in Rußland Jelzin gestürzt und ein Autokrat an die Macht kommen würde. Aber die USA erwiesen sich, wie der Westen insgesamt, unfähig, die richtigen Konsequenzen aus diesen registrierten Wechselwirkungen zu ziehen, sie für eine Strategie zu nutzen, die für Jelzin und die Reformer wirklich Politikhilfe bedeutet hätte.

Das konkrete Problem der globalen Ausbreitung der ehemals sowjetischen Nuklearwaffen ging der Westen innovativ und kräftig an. Er half technologisch und finanziell bei der Verschrottung der Kernwaffen, bei der Unterbindung des geheimen Verkaufs in die Dritte Welt und bei der Neubeschäftigung arbeitslos gewordener ehemaliger sowjetischer Nuklearspezialisten. Dabei wurde der Ukraine besondere Aufmerksamkeit zuteil.[20]

Der Westen trieb auch die Verminderung und Nichtweiterverbreitung anderer Massenvernichtungswaffen voran. Präsident Bush gab am 27. September 1991 bekannt, daß er alle land- und seegestützten taktischen Kernwaffen der USA zurückziehen und teilweise verschrotten lassen würde. Gorbatschow hatte am 5. Oktober 1991 das gleiche versprochen, so daß bis Mitte Mai 1992 alle einst sowjetischen taktischen Kernwaffen nach Rußland zurückgekehrt waren. England hat seine Überseeflotte denuklearisiert, Frankreich, jedenfalls offiziell, sein taktisches Raketenprogramm aufgegeben. Es verzichtete sogar 1992, wie Rußland auch, auf Kernwaffentests, so daß sich erstmals auch die USA, getrieben vom Kongreß, 1992 zu einem begrenzten Testverzicht bereit fanden.

Das bedeutendste, wenn in der Durchführung nicht ganz sichere Abrüstungsereignis, war der Abschluß des Chemiewaffenvertrages, der nach Jahrzehnten der Verhandlungen am 13. Januar 1993 zur Unterzeichnung aufgelegt wurde. Innerhalb von zehn Jahren sollten alle chemischen Waffen zerstört sein. Da sie, im Gegensatz zu den Nuklearwaffen, leicht herzustellen und zu verschießen sind, wird alles auf die Verwirklichung dieses Vertrages in der Dritten Welt, wo die Chemiewaffen die Atombombe des kleinen Mannes genannt werden, ankommen.

Die Nichtweiterverbreitung von Kernwaffen wurde durch den Beitritt Chinas, Frankreichs und Südafrikas 1991 zum Atomwaffensperrvertrag erheblich gestärkt, ebenso durch den Testverzicht. Er kam den Forderungen der Nichtkernwaffenbesitzer wenigstens teilweise entgegen, so daß 1995, wenn der Vertrag zur Verlängerung ansteht, deren Chancen sich verbessert haben. Beeinträchtigt wurden sie durch den 1993 angekündigten Austritt Nordkoreas aus dem Vertrag und durch die großen Fortschritte, die der Irak trotz der Überwachung durch die IAEA bei der Herstellung von Atombomben gemacht hatte. Die Verifikation wird immer mehr zum neuralgischen Punkt des Nichtverbreitungsregimes.[21]

Auch bei der Eindämmung der Trägersysteme wurden durch verbesserte Exportkontrollen von Waffentechnologien Erfolge erzielt. 1992 gehörten dem Missile Technology Control Regime 22 Staaten an. Rußland, China, Israel und Argentinien wollen, obwohl Nicht-Mitglieder, seine Regeln einhalten. Problematisch blieb der Export von Elektronikprodukten, die sowohl für zivile Zwecke wie für die Raketensteuerung benutzt werden können.

Die größten Sorgen allerdings bereiten nach wie vor die konventionellen Waffen und der Handel mit ihnen. Bisher waren alle Kriege konventionell geführt worden. Der Golfkrieg zeigte zudem, daß die Treffgenauigkeit und Zerstörungskraft konventioneller Waffen den Griff zu den Massenvernichtungswaffen überflüssig werden lassen.

Es gehört zu den Paradoxien der Zeit nach dem Ende des Ost-West-Konflikts, daß auf die Abrüstung dieser konventionellen Waffen und ihre Nichtverbreitung wenig Aufmerksamkeit verwendet wird. Der Vertrag über die Abrüstung der konventionellen Waffen in Europa (CFE), der auf der Pariser Gipfelkonferenz vom 19. November 1990 unterzeichnet worden war, am 9. November 1992 in Kraft getreten und am 10. Juli 1992 durch ein Abkommen über die Reduzierung der Truppen ergänzt worden ist, stand noch ganz in der Fluchtlinie der alten Ost-West-Verhandlungen. Er ist durch die politischen Ereignisse, die Auflösung des Warschauer Paktes und der Sowjetunion und durch die einseitige

Abrüstungspolitik der Bundesrepublik Deutschland entleert worden.

Das gilt für das Instrument der Rüstungskontrolle insgesamt und auch für die Abrüstung, die mehr und mehr durch einseitige Schritte als durch multilaterale Verträge vorangetrieben wird. Abgesehen davon, daß, wie erwähnt, das Tempo der konventionellen Abrüstung gerade auf Seiten des Westens erheblich beschleunigt werden könnte, wird zum Hauptproblem, daß die Waffen nicht verschrottet, sondern in die Dritte Welt verkauft werden. Zwar war der Waffenhandel 1991 mit dem Umfang von 22 Mrd. USD ein Viertel niedriger als im Vorjahr; dies war auf die Sowjetunion zurückzuführen, die, damals noch unter Gorbatschow, ihr Exportvolumen drastisch verringert hatte. Das amerikanische blieb unverändert bei rund 11 Mrd. USD. Während Großbritannien und Frankreich ihre Exporte etwas abschwächten, verstärkte die Bundesrepublik die ihren und rückte auf den dritten Platz der Weltrangliste vor. Statt die ihr zugefallenen Bestände der Nationalen Volksarmee zu verschrotten, exportierte sie sie, vornehmlich nach Griechenland, Spanien und die Türkei. In die gleiche Richtung wirkte der Vertrag über die konventionelle Abrüstung in Europa. Statt die abzurüstenden Waffen zu vernichten, verkauften Ost wie West sie in die Dritte Welt.

Für die GUS stellten Waffen den einzigen nachgefragten Exportartikel dar, eingeschlossen U-Boote und Flugzeugträger. Die USA, Frankreich und Großbritannien verkauften 1992 Waffen für 78 Mrd. DM allein an die Staaten des Golfkooperationsrates. Präsident Bushs Vorschlag, wenigstens ein Register der in den Mittleren Osten verkauften Waffen anzulegen, verfiel im Sicherheitsrat dem chinesischen Veto. Die Bundesrepublik weitete 1992 ihre Militärhilfe für die afrikanischen Staaten aus. Staatlich gedeckte Kredite der Hermes-Versicherung wurden inzwischen auch zur Finanzierung deutscher Waffenexporte benutzt.

Als einzig verbliebene Supermacht müßten eigentlich die USA eine Initiative starten, gerade den konventionellen Waffenexport einzuschränken und zu kontrollieren. Die Waffen, mit denen der Irak Kuwait überfiel, mit denen in Jugoslawien und auf dreißig weiteren Kriegsschauplätzen der Welt 1993 gekämpft wurde, stammten größtenteils aus den Industriestaaten, vornehmlich aus den fünf ständigen Mitgliedern des UN-Sicherheitsrates. Während die Bush-Administration keine Abrüstungs- oder Kontrollinitiative im Bereich konventioneller Waffen ergriffen hatte, könnte sie von der Clinton-Administration kommen. Sie hat im Frühjahr 1993 immerhin 20 Mrd. USD bereitgestellt, die der amerikanischen Rüstungsindustrie die Umstellung auf zivile Produkte erleichtern und damit den fatalen Zirkel durchbrechen sollen, in dem die Rüstungsindustrie durch die Produktion und den Export ihrer Erzeugnisse deren Verbrauch erleichtert und damit die Nachfrage stimuliert.

Eine Initiative stünde auch der Bundesrepublik gut an. Sie ist nach der Wiedervereinigung die größte westliche Militärmacht auf dem europäischen Kontinent. Sie arbeitete kräftig an der Errichtung des europäischen Pfeilers der NATO, sie drängte sich nach einer politischen Führungsrolle in der Jugoslawienkrise. Zusammen mit den anderen Staaten der EG wird die Bundesrepublik in der Tat eine Initiativfunktion zumindest in der europäisch-atlantischen Region übernehmen müssen. Zwar sind die USA die einzige globale Supermacht, ist Rußland nach wie vor eine große Militärmacht. Das amerikanisch-sowjetische Duopol, das den Ost-West-Konflikt beherrscht hatte, existiert aber nicht mehr. Rußland kann, mit seiner Innenpolitik überbeschäftigt, keine Führungsimpulse abgeben. Die USA überlassen sie in Europa, mit Recht, den Europäern.

3. Die regionalen Vormächte

In Europa

Von der Regionalisierung hat, nach den USA, zweifellos Westeuropa am meisten profitiert. Der sich auflösende Ost-West-Konflikt gab den hochentwickelten Staaten der Region ein großes Maß an Handlungsfreiheit zurück. Ob sie sie einzeln oder im Zusammenschluß der Europäischen Gemeinschaft, zur Renationalisierung der Macht oder zu weiterer Integration, zur Stärkung der Atlantischen Gemeinschaft oder zu deren Abschwächung, zum kooperativen Zusammenschluß mit den osteuropäischen Staaten oder zu deren Marginalisierung und Ausbeutung nutzen werden, bleibt abzuwarten.

Das Verhalten Westeuropas wird auch Aufschluß darüber geben, welchen Anteil der Außendruck des Warschauer Paktes am europäischen Integrationsprozeß gehabt hatte, ob er maßgebend oder nur marginal war. Ebenso wird sich zeigen, ob die Atlantische Gemeinschaft, die NATO eingeschlossen, eine wachsende Interdependenz zwischen Westeuropa und Nordamerika reflektierte oder vornehmlich auf die hegemoniale Führung der Vereinigten Staaten zurückzuführen gewesen war. Besonders das westdeutsche Verhalten wird offenlegen, ob die Westbindung und Demokratisierung der Bundesrepublik genuinen Lernprozessen oder mehr der Anpassung an äußere Zwänge zu verdanken waren. An ganz Europa – und an die USA – richtet sich die Frage, ob der während des Ost-West-Konflikts praktizierte Verzicht auf die Anwendung militärischer Gewalt der Einsicht in deren Dysfunktionalität oder nur der Angst vor der jederzeit möglichen Eskalation der Gewalt zum nuklearen Holocaust zu verdanken gewesen ist.

Diese Fragen lassen sich 1993 nicht abschließend beantworten; bestenfalls sind Tendenzen zu erkennen. Definitiv hat der Außendruck der Sowjetunion erst mit ihrem Auseinanderbrechen im Dezember 1991 aufgehört. Erst in diesem Moment ging der Ost-West-Konflikt zu Ende. Gleichzeitig änderte sich die Systemfigur des europäischen Halbkontinents grundlegend. Diese Zäsur tritt in allen politischen Abläufen deutlich zutage.

Auf die Weiterentwicklung der Europäischen Gemeinschaft hat das Ende des Ost-West-Konflikts keine nachweisbaren Wirkungen ausgeübt. Die Vollendung des Binnenmarktes war 1987 mit der Einheitlichen Europäischen Akte endgültig beschlossen und am 31. Dezember 1992 planmäßig abgeschlossen worden. Sie reflektierte die wirtschaftliche Notwendigkeit, die sich intensivierenden grenzüberschreitenden Wirtschaftsabläufe gleichen Wettbewerbsregeln zu unterziehen. Der in den Römischen Verträgen vom Dezember 1990 in Aussicht genommene, in

Maastricht dann beschlossene Schritt in die Wirtschafts- und Währungsunion folgte der gleichen ökonomischen Logik. Er traf freilich auch auf die aus der Vergangenheit sattsam bekannten Einwände und Ausnahmewünsche, ebenso auf die alte Streitfrage, ob die Wirtschafts- und Währungsunion die Harmonisierung der Wirtschafts- und Währungspolitik zur Voraussetzung oder zur Folge haben sollten. Die sich ebenfalls seit geraumer Zeit stellende Alternative zwischen Vertiefung oder Erweiterung der Gemeinschaft wurde durch die Beitrittswünsche ehemaliger Feindstaaten vergrößert, aber nicht prinzipiell verändert. Sie war schon von Österreich und den Rest-EFTA-Staaten präsentiert worden.

Der in Rom gefaßte Entschluß, der Wirtschafts- und Währungsunion eine Politische Union beizugeben, ist hingegen eindeutig von der Beendigung des Ost-West-Konflikts beeinflußt worden. Sie wirkte zunächst integrationsfördernd, dann offensichtlich eher abschwächend. Das eine widerlegte, das andere bestätigte die Einwirkung des Konflikts auf diesen Prozeß.

Im April 1990 schlugen Bonn und Paris der Europäischen Gemeinschaft gemeinsam vor, flankierend zur Wirtschafts- und Währungsunion eine Politische Union zu errichten. Ziel der Initiative war es, die Kohäsionswirkungen, die der Ost-West-Konflikt auf die Westbindung der Bundesrepublik und die Europäische Politische Zusammenarbeit ausgeübt hatte, durch eine autonome Integrationspolitik zu ersetzen. Die Bundesregierung erkannte sehr richtig, daß die Westbindung der – vergrößerten – Bundesrepublik stärker institutionalisiert werden mußte, sollte sie nicht durch die Zerfallsprozesse im Bereich des ehemals real existierenden Sozialismus in die Mitteleuropapolitik des Deutschen Reiches zurückgesogen werden. Frankreich bot, wie seit 1952 in allen Fällen einer sich vergrößernden Handlungsfreiheit der Bundesrepublik, die verstärkte Kooperation an. So kam es zu der deutsch-französischen Initiative vom April 1990 und zu den römischen Abkommen vom Dezember 1990, in denen nicht nur der Schritt in die Wirtschafts- und Währungsunion, sondern auch gleichzeitig der in die Politische Union beschlossen wurde.

Im Vorfeld der Maastrichter Konferenz vom 14. Dezember 1991 ließen auch die europäischen Auseinandersetzungen um die Politik gegenüber dem zerfallenden Jugoslawien die Notwendigkeit stärkerer Integration deutlich hervortreten. Die Bundesrepublik konnte zweimal nur mit knapper Mühe von der unilateralen Anerkennung Sloweniens und Kroatiens abgehalten werden und demonstrierte auch noch nach der Einigung mit der vorzeitigen Bekanntgabe der Anerkennung der beiden Staaten den immens verstärkten Drang zum Alleingang.

Interessanterweise hat die Auflösung der Sowjetunion auf den Vertrag von Maastricht, der am 7. Februar 1992 unterzeichnet wurde, nicht stimulierend gewirkt. Die Bereitschaft zur stärkeren Integration der Außen- und Sicherheitspolitik schwächte sich sogar noch ab. Vor allem Großbritannien, Holland, Dänemark und Portugal rückten von früheren Vorstellungen zur verstärkten Kooperation wieder ab. Präsident Mitterrand und Bundeskanzler Kohl hatten in ihrer „Botschaft zur Gemeinsamen europäischen Außen- und Sicherheitspolitik" vom 14. Oktober 1991 einen anspruchsvollen Textentwurf vorgelegt, der sich drastisch vom Wortlaut des dann verabschiedeten Artikel J.4 unterschied. Während Kohl und Mitterrand der Gemeinsamen Außen- und Sicherheitspolitik die „Gesamtheit der Fragen der Sicherheit und Verteidigung der Union" überantworten wollten, nennt Artikel J.4.1 als Gegenstand lediglich „Fragen, welche die Sicherheit der Europäischen Union betreffen, wozu auf längere Sicht auch die Festlegung einer gemeinsamen Verteidigungspolitik gehört, die zu gegebener Zeit zu einer gemeinsamen Verteidigung führen könnte".[22] Der deutsch-französische Vorschlag hatte versucht, in seinem Artikel 4,3 die WEU langsam zum gleichberechtigten Partner der Allianz aufzuwerten. Die Schlußakte von Maastricht hingegen bezeichnet nach wie vor die Allianz als das „wesentliche Forum für Konsultationen unter ihren Mitgliedern und für die Vereinbarung von politischen Maßnahmen, die sich auf die Sicherheits- und Verteidigungsverpflichtungen der Verbündeten des Nordatlantikvertrags auswirken.

Durch den negativen Ausgang des ersten dänischen Referendums und die Ungewißheit über den des zweiten, mit dem Großbritannien seine eigenen Zweifel verknüpft hatte, ist der politische Einigungsprozeß von Maastricht zumindest verzögert, vielleicht sogar gestoppt worden. In der Jugoslawienkrise offenbarte sich, daß die Westeuropäer trotz der Aufnahme der Europäischen Politischen Zusammenarbeit in die Einheitliche Europäische Akte und trotz in der in Maastricht vereinbarten Gemeinsamen Außen- und Sicherheitspolitik offenbar außer Stande waren, eine gemeinsame Position zu entwickeln und zu verwirklichen. Die Hilfsflüge über Bosnien-Herzegowina wurden von amerikanischen, deutschen und französischen Flugzeugen ausgeführt. Die Ermächtigung der Vereinten Nationen zur zwangsweisen Durchsetzung des Flugverbots über Bosnien-Herzegowina nahmen wiederum die USA und einige westeuropäische Staaten wahr. Sie bedienten sich bei der Ausführung der NATO, nicht der Westeuropäischen Union, die lediglich bei den Beobachtungsschiffen im Mittelmeer in Erscheinung trat.

Dieses Verfahren, nämlich die Kooperation der USA mit einigen europäischen Nationalstaaten, die über die NATO koordiniert – aber eben nicht organisiert – wurde, war nicht neu; sie war schon seit Jahren bei Einsätzen ‚out of area‘ angewendet worden. Daß in der Jugoslawienkrise nicht die WEU in den Vordergrund geschoben, die Aktivitäten der Europäer nicht über die EPZ oder gar die GASP, sondern über die NATO organisiert wurden, lag hauptsächlich wohl an dieser pragmatischen Tradition des Bündnisses. Seine eingefahrenen und bewährten Konsultationsmechanismen, militärischen Befehlsstränge und logistischen Einrichtungen waren durch nichts zu ersetzen.

Eine Existenzgarantie für das Bündnis liegt darin freilich nicht. Wenn irgend eine atlantische Einrichtung, dann war die NATO ausschließlich eine Reaktion des Westens auf die Bedrohung aus dem Osten gewesen, wurde also mit deren Entfall hinfällig. Damit könnte auch die Atlantische Gemeinschaft, weil sie jahrzehntelang darauf verzichtet hatte, sich über das Bündnis hinaus eine institutionalisierte Klammer zuzulegen, gefährdet werden.

Die Vereinigten Staaten versuchten, die NATO diesem Schicksal durch frühe Anpassungen und angemessene Funktionserweiterungen zu entziehen. Außenminister Baker stellte im

Dezember 1989 in Berlin das Bündnis als die Basis („always there but seldom noticed") des ‚New Atlanticism' vor. Er wurde auf der Pariser Gipfelkonferenz vom November 1990, auf der auch der KSE-Vertrag unterschrieben und die KSZE in eine internationale Organisation umgewandelt wurden, mit der Gemeinsamen Erklärung zwischen der Europäischen Gemeinschaft und den USA formalisiert. Im ‚New Atlanticism' honorierten die USA die gewachsene Selbständigkeit Westeuropas mit regelmäßigen Gipfeltreffen und Konsultationen, ohne aber ihren in der NATO installierten Führungsanspruch im Mindesten einzuschränken.

Während die Europäer im Mai 1991 auf der Berliner Konferenz die KSZE zu stärken versuchten und ihr einen Krisenmechanismus beigaben, riefen die USA im Dezember dieses Jahres den NATO-Kooperationsrat ins Leben, der die Staaten des ehemaligen Warschauer Paktes zwar nicht in die Allianz aufnahm, aber doch mit ihr verband. Als wenige Tage später mit der Selbstauflösung der Sowjetunion der Ost-West-Konflikt endgültig zu Ende ging, konnte der Kooperationsrat als politisches Auffangbecken dienen. Die Allianz hatte eine neue Funktion bekommen. Sie verordnete sich im Laufe des Jahres 1992 auch eine neue Strategie. Sie war nun nicht mehr ausschließlich auf die Abwehr eines Totalangriffs, sondern zunehmend auf globale Krisenbearbeitung mit Hilfe „Schneller Reaktionsstreitkräfte" ausgerichtet worden.

Das Interesse der Westeuropäer, sich nach dem Ende des Ost-West-Konflikts aus der Führung der USA – keinesfalls aus der Kooperation mit ihnen – zu emanzipieren, konnte aber nicht mehr stillgestellt werden. Insbesondere Frankreich, seit langem der Konkurrent der USA bei der Führung in Europa, drang auf größere Selbständigkeit Westeuropas. Die in Maastricht nicht in die Europäische Politische Union integrierte WEU stieg im Juni 1992 wie ein Phönix aus der Asche dieser Hoffnungen. Sie erklärte sich auf dem Petersberg „zur Verteidigungskomponente der Europäischen Union". Im Mai 1992 hatten Bonn und Paris die Aufstellung eines deutsch-französischen „Großverbandes mit europäischer Ausrichtung" bekanntgegeben.

Damit waren zwei amerikanische Tabus gebrochen worden. Westeuropa hatte sich eine eigene Verteidigungsorganisation zugelegt. Deren Mitgliederzahl war durch den Beitritt Spaniens und Portugals auf neun, den Griechenlands auf zehn erhöht worden. Mit Dänemark und Irland als Beobachtern, Island, Norwegen und der Türkei als Assoziierten, umfaßt die WEU fast die gleichen Staaten wie die NATO. Mit acht osteuropäischen Staaten hat sie ein Konsultationsforum gegründet – eindeutig ein Gegenstück zum NATO-Kooperationsrat.

Die USA konnten diese Entwicklung nicht mehr verhindern. Anders als 1963, wo Kennedy mit einem Berlin-Besuch dem deutsch-französischen Vertrag die antiamerikanische Spitze nehmen konnte, reichten im Frühjahr 1992 selbst offizielle amerikanische Demarchen in Bonn und anderen europäischen Hauptstädten nicht aus, um diese Stärkung der WEU zu verhindern. Auch das deutsch-französische Eurocorps konnte nicht mehr rückgängig gemacht werden. Es wurde lediglich Anfang 1993 durch ein deutsch-amerikanisches und ein deutsch-dänisches Korps ergänzt und somit in seiner politischen Bedeutung etwas relativiert.

Der Prozeß der Emanzipation der Europäer aus der amerikanischen Führung war nicht mehr aufzuhalten. Außenminister Kinkel hatte schon im Vorfeld der Petersberg-Konferenz der WEU die europäische Ebene gleichberechtigt neben die atlantische gestellt. Den Vereinigten Staaten war mit der Sowjetunion der Hebel aus der Hand geglitten, mit dem sie Westeuropa exklusiv in der NATO halten und damit ihrer Führung einordnen konnten.

Solange allerdings der Emanzipationsprozeß nicht in die Integration der EPU mündet, bietet das Souveränitätsinteresse der Europäer den Vereinigten Staaten einen Ersatzhebel. Amerikanische Führung wird noch immer von den Europäern toleriert, weil sie, anders als eine verstärkte europäische Zusammenarbeit, den Anschein nationaler Unabhängigkeit intakt läßt.

Damit könnte die Regionalisierung Westeuropas seine Renationalisierung befördern, nämlich dann, wenn die NATO auf organisatorische Hilfestellung reduziert und in ihrer Integrationsfunktion nicht ersetzt wird. Davon wird vor allem die Bundesrepublik profitieren. Durch die Wiedervereinigung gestärkt und aus der Kohäsionsbindung der NATO ersatzlos entlassen, würde sie zwangsläufig zu Westeuropas stärkstem Nationalstaat. Nur Frankreich hatte diese Folgen begriffen und mit dem Eurocorps aufzufangen versucht. Als verspäteter Militärstaat drängte Bonn 1993 ganz energisch auf den Entfall aller Einschränkungen für den Bundeswehreinsatz, auf volle militärische Gleichstellung mit den anderen westeuropäischen Nationalstaaten. Die im Grundgesetz festgelegte Funktionsbeschränkung der deutschen Streitkräfte auf die Verteidigung wurde in diesem Klima nicht mehr als fortschrittliche Regelung, sondern, jedenfalls von den Regierungsparteien, als Einschränkung nationalstaatlicher Souveränität aufgefaßt.

Dabei zeigte sich, daß das in der UN-Charta enthaltene Gewaltmonopol der Vereinten Nationen und das Gewaltverbot des Artikels 2,4 der Charta nur so lange respektiert wurde wie das eine durch den Kalten Krieg neutralisiert, das andere durch die Drohung der nuklearen Vernichtung erzwungen worden war. In Bonn wurde 1993 das Gewaltmonopol der Vereinten Nationen bestritten und das Gewaltverbot mit dem Hinweis auf die in vielen Teilen der Welt herrschenden, nach Abhilfe geradezu rufenden Greuel verworfen. Frankreich hat in Zaire, die USA haben in Grenada und in Libyen bedenkenlos Gewalt eingesetzt.

Die von der Regionalisierung vergrößerte Handlungsfreiheit Westeuropas kann also den Einsatzraum militärischer Gewalt vergrößern und damit genau das Gegenteil dessen bewirken, was von der Neuen Weltordnung erwartet worden war. Der Rückfall muß nicht eintreten, er kann durch politische Entscheidungen vermieden werden. Wenn auch verspätet, hat die westliche Politik mit den Verabredungen von Vancouver und Tokio 1993 eingeräumt, daß die Sicherheit des Westens und die der Welt nicht auf den eigenen Waffen, sondern vor allem auf der Demokratisierung und dem wirtschaftlichen Wiederaufbau Rußlands und der anderen GUS-Staaten beruht. Diese Einsicht war vor dem Ende des Ost-West-Konflikts und vor dem Zusammenbruch der Sowjetunion nicht vorhanden gewesen.

Die Bundesrepublik förderte nicht nur Bundeswehreinsätze, sondern auch den Fortgang der politischen Einigung Europas. Die deutsch-französische Zusammenarbeit erwies sich als stabil und fruchtbar. Es ist auch nicht auszuschließen, daß in den USA der Demokrat Clinton die Integration Westeuropas nicht mehr hindern, sondern vielleicht sogar fördern wird, weil sie im langfristigen Interesse auch der Vereinigten Staaten liegt. Die Möglichkeiten, daß Westeuropa seine vergrößerte Handlungsfreiheit dazu nutzt, die bisherigen Handlungszwänge dort, wo sie positive Folgen hatten, durch autonome Entscheidungen zu ersetzen und das Ergebnis zu optimieren, sind also real vorhanden. Sie müssen allerdings aktiv genutzt werden.

Wie weit ein solcher Einfluß der Supermächte in der regionalisierten Welt konkret reicht, ist ungewiß. Das sozialistische Lager ist bis auf wenige isolierte Restfälle zerbrochen; die Wirkungen zeigen sich in einer Reorientierung der früher sozialistisch eingestellten Staaten unmittelbar. Auch den USA ist der einigende Einfluß entglitten, den sie über die Gemeinsamkeit des Widerstands gegen den Kommunismus und die Sowjetunion ausüben konnten. Auch sie sind, wenn auch in einer ganz anderen Ausgangsposition, für ihre Macht ausschließlich auf die eigenen Ressourcen angewiesen. Die Allianzen, politischen Bündnisse und Interessengemeinschaften, die die Supermächte im Ost-West-Konflikt aufgebaut und zur Instrumentalisierung ihrer jeweiligen Führungsposition benutzt hatten, sind entweder zerstört oder geschwächt worden.

Die Folgen sind auf beiden Seiten unterschiedlich. Mit dem Zusammenbruch des Warschauer Paktes zerfiel auch die Macht der Mitgliedsstaaten, eingeschlossen die der Sowjetunion. Sie müssen erst ihre wirtschaftliche Entwicklung und ihre staatliche Reorganisation betreiben, müssen die zahlreich aufbrechenden innerstaatlichen und innergesellschaftlichen Konflikte lösen, bevor sie wieder als Akteure in der Weltpolitik aktiv werden können. Die NATO bleibt auf absehbare Zeit bestehen, aber was sie an militärischer Relevanz verliert, büßt sie auch an politischer Bedeutung ein. Ihren Mitgliedern wird die Zugehörigkeit zu anderen regionalen Organisationen wichtiger.

Davon profitiert die – bereits ausführlich behandelte – Europäische Gemeinschaft. Vor allem, wenn sie sich zur Europäischen Politischen Union (EPU) weiterentwickelt, wird sie als Vormacht in der Region Europa gelten. Die Regionalisierung ist schon so weit vorangekommen, daß der wirtschaftliche Wiederaufbau Osteuropas und der Sowjetunion in der Arbeitsteilung der atlantischen Gemeinschaft ausschließlich den westeuropäischen Staaten anvertraut worden ist. Die USA beteiligen sich nur noch marginal. Zwar halten sie an der im April 1991 feierlich eröffneten European Bank for Reconstruction and Development mit 10 % die größte Einzeleinlage. 90 % kommen aber eben nicht mehr aus den USA. Die Neuordnung Europas liegt schon in der Hand der Westeuropäer. Daß die Europäische Gemeinschaft ihrerseits aus mehreren, unterschiedlich entwickelten Regionen besteht, die sogar über die Errichtung eines Regional Consultative Committee beraten, ändert nichts an diesem Befund. Die EPU wird ein Machtzentrum neuer Art werden, dezentral und regional-föderalisiert.

In Asien

Das Ende des Ost-West-Konflikts, die Auflösung der Sowjetunion und das faktische Erlöschen des Kommunismus als alternativer Herrschaftsorganisation haben das internationale System Asiens dreifach beeinflußt. Die Teilung Asiens in Anhänger der Sowjetunion und der USA wurde beseitigt, der damit verbunden gewesene Einfluß der Supermächte neutralisiert und auf diese Weise die Eigenständigkeit der regionalen Mächte profiliert. Sie tritt um so deutlicher hervor, als in Asien – im Gegensatz zu Europa – keine organisatorischen Substrukturen geschaffen worden waren, die die neue Ordnung hätten abstützen können. Als der Schleier des Ost-West-Konflikts zerrissen und die Sowjetunion aufgelöst worden war, lagen – vom Zusammenschluß der ASEAN-Staaten abgesehen – die asiatischen Staaten fast verbindungslos nebeneinander.

Dazu hatte der von den Vereinigten Staaten bevorzugte Bilateralismus nicht unwesentlich beigetragen. Als hegemoniale

Führungsmacht im asiatisch-pazifischen Raum hatten sie es bevorzugt, zu jedem der Staaten zweiseitige Beziehungen zu unterhalten. Außenminister Baker hat diese Struktur mit einem Fächer verglichen, dessen Rippen jeden Staat mit den Vereinigten Staaten verbanden. Da nach dem Ende des Ost-West-Konflikts die Bedeutung der USA sich abschwächt, vermindert sich auch die der bilateralen Beziehungen. Werden sie nicht bald durch den Aufbau multilateraler Beziehungen ersetzt – was die republikanischen Administrationen in Washington in den achtziger Jahren mit aller Kraft zu verhindern suchten, aber die Clinton-Administration zu akzeptieren bereit ist –, wird sich die größte Gefahr für den Frieden und die Stabilität, das Sicherheitsdilemma, alsbald wieder einstellen.

In Asien wird das wichtigste Machtzentrum von Japan gebildet. Als wirtschaftliche Vormacht schon lange sichtbar, ist das Land in den achtziger Jahren auch politisch-militärisch in eine Führungsrolle hineingewachsen. Japans Handlungsfreiheit hat sich durch das Ende der sowjetischen Bedrohung ganz erheblich vergrößert. Es ist auf den militärisch-nuklearen Schutz der Vereinigten Staaten nicht mehr angewiesen, kann deswegen die Kompromißbereitschaft gegenüber Washington verringern. Bei dem mißglückten Besuch von Präsident Bush im Januar 1992 in Tokio ließ der japanische Ministerpräsident Miyazawa das gewachsene Selbstbewußtsein des Landes deutlich erkennen.

Das militärische Machtpotential, das sich Japan in den achtziger Jahren – nicht zuletzt aufrund des Drängens der USA – zugelegt hat, kann jetzt regional verwendet werden. Japans Verteidigungsbudget belief sich im Haushaltsjahr 1989 auf 28,4 Mrd. USD, das fünftgrößte in der ganzen Welt.[23] Seine Verteidigungsausgaben werden in den kommenden fünf Jahren um 25 % wachsen, werden Schritt halten mit dem Wachstum des BSP. Die von den USA verlangte – und inzwischen von Japan erreichte – Fähigkeit, das Inselreich im Umkreis von 1000 Seemeilen militärisch zu verteidigen, bezieht das Gelbe Meer, Korea, Teile der Mandschurei und den sowjetischen Hafen Wladiwostok mit ein.

Bei der Verwaltung dieses Machtpotentials geht Japan sehr zögerlich vor, um keine Erinnerungen an die Vergangenheit aufkommen zu lassen. Japan benimmt sich wie eine „Vormacht wider Willen“. Damit sich daran nichts ändert, unterhalten die Vereinigten Staaten nach wie vor 50 000 Soldaten auf Stützpunkten in Japan, deren Finanzierung allerdings jetzt schon zu 50 % und künftighin in noch größerem Umfang Japan auferlegt worden ist.[24] Japan wird auch niemals in der Lage sein, die Vereinigten Staaten militärisch einzuholen. Die militärische Vormacht in der Region des Pazifiks sind und bleiben die USA.

Sie werden aber ihre militärische Präsenz vermindern. Der Stellvertretende Außenminister Zoellick hat das im Februar 1992 deutlich gesagt. Tritt dieser Fall ein, so wird das japanische Militärpotential, selbst wenn es nicht vergrößert werden wird, immer größer erscheinen. Es ist auch zu erwarten, daß Japan das durch den Rückzug der amerikanischen Truppen sich öffnende Vakuum schließen und dementsprechend sein Rüstungspotential erhöhen wird. Wirtschaftlich und technologisch ist es dazu, darin sind sich alle Fachleute einig, mühelos in der Lage.[25] Es könnte mit geringem Aufwand auch Nuklearwaffen und die dazugehörigen Trägersysteme herstellen. In vielen Bereichen der fortgeschrittenen Technologie, die „nicht nur über die wirtschaftliche, sondern auch über die militärische Zukunft des Gleichgewichts in diesem Jahrhundert und danach“[26] entscheiden wird, hat Japan mit den Vereinigten Staaten gleichgezogen, sie streckenweise sogar überholt. Der amerikanisch-japanische Streit um den Bau des Jägers FSX zeigte den USA, daß Japan auch auf dem Gebiet der Militärtechnologie längst führend und ein potentieller Rivale auf dem Gebiet der Waffenverkäufe geworden ist.

In der Auslandshilfe ist dieser Zustand schon eingetreten. Japan gibt weltweit mehr für die Auslandshilfe aus als die Vereinigten Staaten und vergibt sie ausschließlich als Wirtschaftshilfe. Davon profitieren vor allem China, Indonesien und die Philippinen. Nimmt man noch die japanischen Investitionen und die Ausbildung einer regelrechten Yen-Zone in diesem Raum hinzu, so ist Japan dort längst zur wirtschaftlichen Vormacht geworden. Die japanische Auslandshilfe hat sich aber auch über Asien hinaus erstreckt. Sie ist für 29 Länder, die Hälfte davon außerhalb Asiens, die wichtigste Hilfsquelle.

In den ASEAN-Staaten rechnet man offen damit, daß Japan nicht nur seinen wirtschaftlichen, sondern auch seinen politischen und seinen militärischen Einfluß bis nach Südostasien ausdehnen wird, und akzeptiert diese Perspektive. Seit 1990 bemüht sich Japan um eine Lösung des Kaschmir- und vor allem des Kambodscha-Konflikts. Die Friedenssicherungsmission der Vereinten Nationen in Kambodscha wird von einem Japaner geleitet; Japan hat inzwischen, nach langen und aufreibenden innenpolitischen Diskussionen, sich dazu durchgerungen, japanische Soldaten an den Friedenssicherungsaktionen teilnehmen zu lassen. Es hat im Jahr 1992 auch seinen Anspruch angemeldet, einen ständigen Sitz im Sicherheitsrat der Vereinten Nationen zu erhalten.

Die Sorge vor der zunehmenden Macht Japans veranlaßte die ASEAN 1991 zu dem Vorschlag, einen Ausschuß für Sicherheitsfragen einzurichten, dem auch Nicht-Mitglieder, vor allem Japan, angehören sollten. Washington reagierte strikt negativ auf diesen Vorschlag, so daß die Schlußformel des vierten Gipfeltreffens der ASEAN im Bereich der Sicherheit auch entsprechend vage blieb. Sie erwähnte die Perspektive einer regionalen Sicherheitsorganisation nicht mehr, sondern betonte die sicherheitspolitische Zusammenarbeit mit den Vereinten Nationen und der internationalen Gemeinschaft.

Mit dem Amtsantritt der Clinton-Administration ist dieser Widerstand Washingtons abgeschwächt worden. Es stellt sich jetzt darauf ein, „multilaterale Gremien für Sicherheitsberatungen zu entwickeln und gleichzeitig die soliden Grundlagen unserer Bündnisse aufrechtzuerhalten".[27] Die Bildung eines solchen Forums wird an der Machtfülle Japans nichts ändern, ihr vielleicht sogar eine geordnete Umwelt bieten. Andererseits wird auf diese Weise das Sicherheitsdilemma zwischen Japan und seinen unmittelbaren Nachbarn verringert. Deren Ängste können entfallen und damit für Japan die Notwendigkeit, sein Rüstungspotential zu erhöhen und die Rüstungsdynamik zu beschleunigen.

China hat der Regionalisierung Asiens ebenfalls vorgearbeitet, indem es die Dreiecksbeziehung zu Washington und Moskau zwar beibehalten, aber sich vorsichtig von Washington entfernt und Moskau angenähert hat. Beijing versucht, beide auszutarieren mit einer Intensivierung seiner Beziehungen zu Japan, das auf diese Offerte nicht nur wirtschaftlich – wie schon seit langem –, sondern auch politisch positiv reagierte.

Die Volksrepublik gilt als weitere regionale Vormacht in Asien. Sie ist das bevölkerungsreichste Land der Welt und hatte sich seit 1978 darangemacht, durch eine vorsichtige Privatisierung der Landwirtschaft einen ökonomischen Aufschwung zu beginnen, der die wirtschaftlichen Grundlagen außenpolitischer Machtentfaltung legen sollte. Beijing wollte auf diese Weise das Schicksal der Sowjetunion vermeiden. Das Massaker vom Juni 1989 unterbrach diese Entwicklung, hob sie aber nicht auf. Der 14. Parteitag der Kommunistischen Partei Chinas im Oktober 1992 hob endgültig die „sozialistische Marktwirtschaft" aus der Taufe. Beijing machte dabei manchen Kompromiß, schloß sich der Sowjetunion in der Anerkennung Südkoreas, den Vereinigten Staaten in der Kambodscha-Frage an. Seinen eigenen Frieden schloß Beijing 1990 mit Djakarta. Der Anschluß Hongkongs 1997 wird die chinesische Position wirtschaftlich verstärken und vielleicht das Vorbild abgeben, nach dem auch das Verhältnis zu Taiwan geregelt werden kann.

Seinen wirtschaftlichen Aufschwung benutzt China dazu, seine militärische Macht überproportional zu steigern. Das Verteidigungsbudget verdoppelte sich von 1988 auf 1992 von rund 3,5 Mrd. USD auf 7,4 Mrd. In diesen Zahlen dürften allerdings nur die Hälfte des Rüstungsbudgets enthalten sein, nicht die Ausgaben für neue Waffensysteme, für Forschung und Entwicklung. Ministerpräsident Li Peng versprach im März 1993, „China die besten Streitkräfte zu geben, die möglich sind".[28] Da sich auch die außenpolitische Rhetorik Chinas versteift, sein Anspruch auf die Spratly-Inseln im Südchinesischen Meer sich verstärkt hat, befürchten vor allem die ASEAN, daß China explizit eine Großmachtrolle anstrebt. Um zu verhindern, daß vor allem Japan darauf mit vermehrter eigener Aufrüstung reagiert, wollten die ASEAN-Staaten im Laufe des Jahres 1993 versuchen, China, aber auch Rußland, und die indochinesischen Staaten in den sich entwickelnden Sicherheitsdialog miteinzubinden. Er soll ein neues Machtgleichgewicht in Asien herbeizuführen helfen, das nicht nur China und Japan, sondern auch die Vereinigten Staaten, Rußland und Korea umfaßt.

Diese Initiative, wenn sie denn Erfolg hat, läßt außer acht, daß Chinas Außen- und Sicherheitspolitik in erster Linie auf Indien reagiert, den Rivalen am Indischen Ozean. Indien unterhält die viertgrößte Flotte der Welt; die von ihr ausgehende Gefahr ist in den Augen mancher ASEAN-Staaten nicht kleiner als die einstige Bedrohung durch die Sowjetunion. Indien war, bis es im Herbst 1990 in eine tiefgreifende innergesellschaftliche Krise stürzte, eine relativ stabile, wenn auch arme Demokratie. Sie wurde bis zum Ende des Ost-West-Konflikts vornehmlich von der Sowjetunion gestützt, die damit auch ihre Beziehungen zu Beijing zu steuern versuchte. Nach dem Verlust der Sowjetunion als Orientierungspunkt, Waffenlieferant und politischem quasi-Allierten mußte Delhi seine Politik ändern. Es gab die Position des starken Bündnisfreien auf – zumal sie nach dem Ende des Ost-West-Konflikts ihre Rationalität ohnehin verloren hatte – und nahm die Westorientierung aus der Zeit vor 1972 wieder auf. Ministerpräsident Rao begann die Wirtschaft zu liberalisieren und zu entbürokratisieren, den strammen Sozialismus der Gandhi-Ära durch mehr Demokratisierung zu ersetzen. Washington beantwortete diese Rückkehr Indiens mit verstärkter militärischer Zusammenarbeit, ohne seine Kritik an der Ablehnung des Atomwaffensperrvertrages durch Indien zu vermindern.

Indien versteht sich eindeutig als Vormacht am Indischen Ozean; es steuert die von ihm beherrschte South Asian Association of Regional Cooperation (SAARC), das – allerdings schwache – Gegenstück zu ASEAN. Indien verlangt ebenfalls einen ständigen Sitz im Sicherheitsrat. Es hat seine Rüstungsexporte ausgangs der achtziger Jahre erheblich gesteigert.[29] Mit Pakistan ist Indien in einen offenbar immerwährenden Konflikt um Kaschmir verstrickt. Es intervenierte auf Sri Lanka und griff 1988 auch auf den Malediven ein. Sein Streit mit dem kleinen Nepal ist notorisch.

In Asien stehen damit vier Großmächte in Konkurrenz: Japan, China, Indien und (keineswegs zu vergessen) Rußland. Hinzu kommt Indonesien, wenn auch noch in der zweiten Reihe. Die ideologischen Trennungslinien sind mit dem Ende des Ost-West-Konflikts überwunden worden, die regionale Machtfigur richtet sich nach den Kapazitäten aus. Hier ist Japan sicherlich in der Vorhand. Sie würde um so kräftiger ausfallen, wenn das japanisch-amerikanische Verhältnis nicht durch ökonomische Konkurrenz und auch schon durch machtpolitische Divergenzen erheblich gestört sein würde. Die USA sind zwar keine asiatische, wohl aber eine pazifische Macht, deren Ordnungsfunktion (im Unterschied zu einer Führungsposition) gerade von den kleineren Staaten Asiens auch in Zukunft gern akzeptiert werden wird. Sie reicht aber nicht aus, um die Machtrivalitäten des asiatisch-pazifischen Großraumes in den Griff zu bekommen. Die jetzt schon bestehenden Konflikte um Kaschmir und Kambodscha, die Machtrivalität zwischen China und Indien, zwischen China und Vietnam, zwischen Vietnam und Thailand, der notorische Konflikt zwischen den beiden Koreas, der nicht gelöste Streit um Taiwan – all diese Konflikte rufen, wie es der australische Außenminister Evans ausdrückte, „nach einem gemeinsamen Sicherheitsrahmen". Daran werden sicherlich auch die Vereinigten Staaten und Rußland beteiligt werden, aber in unterschiedlicher Kapazität. Rußland wird als asiatische Macht teilnehmen, die Vereinigten Staaten als einzige globale Supermacht und als Pazifikanrainer. Aber die Politik im asiatisch-pazifischen Raum wird von ihnen höchstens noch beeinflußt. Bestimmt wird sie im Westen der Region von Indien, im Norden von China, im Süden (später) von Indonesien und im Osten sowie wirtschaftlich insgesamt von Japan. Ihre Machtkonkurrenz wird die Region beherrschen.

Im Vorderen Orient

Im Nahen und Mittleren Osten ist der Regionalisierungsprozeß durch die Intervention der USA und der ganzen Welt am Persischen Golf ins Stocken geraten. Er war in Gang gekommen, als im Januar 1979 mit dem Fall des Schahs von Iran die alte Machtfigur zusammengebrochen war. Die USA hatten aufgrund der

Nixon-Doktrin von 1969/1972 den Persischen Golf dem kaiserlichen Iran, den Nahen Osten Israel und Saudi-Arabien anvertraut. Wäre Präsident Carters Politik der Aussöhnung zwischen Israel und den arabischen Staaten über Ägypten hinaus erfolgreich verlaufen, so hätte das Konzept wenigstens im westlichen Teil der Region Bestand haben können. Statt dessen versank es in den israelisch-arabischen Auseinandersetzungen einerseits, dem irakisch-iranischen Krieg andererseits. Der Versuch der Reagan-Administration, diese beiden regionalen Auseinandersetzungen im Zeichen gemeinsamer Gegnerschaft zur Sowjetunion zu neutralisieren, wenn nicht sogar aufzulösen, schlug fehl. Die regionalen Antagonismen waren viel zu stark geworden, um sich noch in den Supermacht-Konflikt einordnen zu lassen. Nach dessen Ende dominieren sie vollends.

Der irakische Überfall auf Kuwait am 2. August 1990 zeigte zum ersten Mal den Handlungsspielraum, den das Ende des Ost-West-Konflikts den Regionalmächten beschert hat. Früher hätte die Sowjetunion ihren Klienten Irak an die Kette gelegt, hätte die Drohung eines möglichen Zusammenstoßes der Supermächte über der Kuwaitfrage den Irak zur Zurückhaltung veranlaßt. Beide Beschränkungen sind entfallen. Die nukleare Konfrontation der Supermächte war 1990 unwahrscheinlich, wenn nicht schon unmöglich geworden. Moskau hatte seinen Einfluß zurückgenommen, für Washington schien der Golf strategisch weit entfernt. Hier hat Hussein sich verrechnet; er hat das Führungsinteresse der USA, die Solidarisierung der Welt, die Sensibilität der Energieversorgung, die strategische Bedeutung der Region für den Westen und besonders für die USA unterschätzt. Prinzipiell aber hat er den Prototyp dessen vorgeführt, was jetzt vermehrt auftreten könnte: der Regionalkonflikt zur Veränderung der Machtfiguren.

Allerdings wird gerade im Nahen und Mittleren Osten dieser Prototyp nicht zum Standard, wird die Region nicht der Regionalisierung überlassen werden. Die Sicherheit Israels, der Ölreichtum und die strategische Bedeutung der Region für die westlichen Industriestaaten nehmen sie aus der globalen Tendenz aus. Deswegen intervenierten die USA auch sofort gegen den Irak, deswegen nahm nach dem Ende des Golfkrieges der amerikanische Außenminister die Pendeldiplomatie, die jahrelang ausgesetzt hatte, wieder auf. Deswegen hielt der Westen die Niederlage des Irak kleiner, als sie militärisch hätte ausfallen können, zögerten die USA mit der Hilfe für Kurden und Schiiten. Jede weitere Schwächung des Irak würde dem Iran nützen, dessen schiitischer Fundamentalismus der Region gefährlicher werden kann als Waffen.

Saddam Hussein hatte mit seinem Überfall auf Kuwait demonstriert, wie leicht die Region, nachdem die disziplinierende Wirkung des Ost-West-Konflikts entfallen war, explodieren kann. Deswegen wird diese Wirkung durch die indirekte Militärpräsenz der USA ersetzt, die das Hauptquartier ihres ‚Central Command' teilweise nach Bahrain verlegten. Dadurch sollen die beiden gefährlichsten Konflikte, der israelisch-arabische und der israelisch-palästinensische, so lange stillgelegt werden, bis sie gelöst sind. Die USA werden versuchen, die Auseinandersetzung zwischen den arabischen Staaten um die Regionalführung in eine „regionale Kooperation"[30] der Golfstaaten, Saudi-Arabiens, Ägyptens und Syriens zu verwandeln. Die USA werden den Iran, mit 55 Millionen Menschen die stärkste Macht am Persischen Golf, zu isolieren versuchen, bis er sich stabilisiert hat. Das wird angesichts der hartnäckigen Gegnerschaft der Ajatollahs nicht leichtfallen, wird sich auch durch die verstärkte Aufrüstung der arabischen Scheichtümer allein nicht bewerkstelligen lassen. Sie kann zwar die Aufrüstung Irans kompensieren, nicht aber seinen Einfluß als Heimat des islamischen Fundamentalismus. Dessen antiwestliche Einstellungen machen sich von Ägypten bis nach Algerien bemerkbar und erzeugen, verstärkt durch den serbisch-kroatischen Feldzug gegen die bosnischen Muslime, auch in den islamischen Republiken der früheren Sowjetunion politische Wirkungen.

Im Konflikt zwischen Israel, den arabischen Staaten und den Palästinensern hat die Clinton-Administration die Vermittlungsfunktion wieder aufgenommen, mit der Präsident Bush und Außenminister Baker den Aussöhnungsprozeß erneut in Gang gesetzt hatten. Er wurde durch den Regierungswechsel von Shamir zu Rabin in Jerusalem erleichtert, wurde aber durch Gewaltausbrüche auf beiden Seiten nach wie vor systematisch behindert. Auch dieses Engagement der Vereinigten Staaten zeigt, daß der vordere Orient aus der globalen Tendenz zur Regionalisierung ausgenommen bleibt.

In Afrika und Lateinamerika

In Afrika hat die Regionalisierung aufgrund der Beendigung des Ost-West-Konflikts zwei unterschiedliche Folgen gezeitigt. Einerseits verlor die Republik Südafrika die Unterstützung der Vereinigten Staaten. Auf der anderen Seite verloren die schwarzafrikanischen Staaten die spärlichen Subsidien, die ihnen die Industriestaaten für die Unterstützung ihrer jeweiligen Position im Ost-West-Konflikt gezahlt hatten. Die Sowjetunion hatte sich schon ganz aus Afrika zurückgezogen, den 1991 ausgelaufenen Vertrag über die militärische Zusammenarbeit mit Äthiopien nicht verlängert, ihre Berater aus Eritrea zurückgeholt. Rußland setzt diese Politik fort. Die DDR, die sehr aktiv gewesen war, existiert nicht mehr.

Die USA hielten sich ebenfalls zurück. Beim Bürgerkrieg in Liberia interessierten sie sich nur für die Evakuierung ihrer Staatsbürger. Die Bürgerkriege in Äthiopien und im Sudan ließen sie gänzlich unberührt. Als die von Präsident Reagan heimlich im Tschad gebildete Truppe zur Intervention in Libyen das Land verlassen mußte, löste Washington sie auf. Residuale Interessen sind in Zaire, wegen dessen strategischer Bedeutung, und in Nigeria geblieben, aus dem die USA 10 % ihrer Ölimporte bezogen. Angola, 25 Jahre lang erbittert umkämpfte Walstatt eines Peripheriekrieges, fand keine Aufmerksamkeit mehr, als im Dezember 1990 der UNITA-Führer Savimbi in Washington seinen Frieden mit der Regierung in Angola und der MPLA bekanntgab, der im Mai 1991 formell beschlossen worden war. Auch das Wiederaufflammen des Bürgerkrieges 1993 löste keine neue Intervention der USA aus. Die humanitäre Intervention in Somalia, noch von Präsident Bush eingeleitet und von Präsident Clinton bis in das Frühjahr 1993 fortgeführt, kann nicht als Ausnahme dieser Politik des benign neglect gewertet werden. Ihre Motive lagen mehr in der amerikanischen Innen- als in ihrer Afrikapolitik; eine nachhaltige politische Einflußnahme war mit ihr nicht verbunden.

In Schwarzafrika profitiert von der Auflösung des Ost-West-Konflikts keine regionale Vormacht, weil es sie – noch – nicht gibt. Natürlich gibt es die Republik Südafrika. Nachdem sie die Unterstützung der USA verloren hatte, mußte sie Namibia freigeben und die Aufhebung der Apartheidpolitik energischer vorantreiben. Das tat Präsident de Klerk, der Nelson Mandela aus dem Gefängnis entließ, den ANC-Präsidenten Oliver Tambo wieder einreisen ließ, zahlreiche Rassentrennungsgesetze abschaffte und dafür von der EG mit der Aufhebung ihrer Sanktionen belohnt wurde. Die Republik kann aber nur dann zu einer regionalen Vormacht werden, wenn sie in den für Ende 1993 vorgesehenen Wahlen die Apartheid abschafft, also ihre bisherige Identität aufgibt. Erst dann wäre Schwarzafrika zur Kooperation bereit.[31] Ob Pretoria dann stark genug sein würde, um die Probleme der Region zu lösen, ist offen. Schwarzafrika versinkt im Elend. Seine Bevölkerung wird sich in den nächsten zwanzig Jahren verdoppeln; Nigeria wird dann allein so viele Bewohner haben wie die USA jetzt. Mit diesem Wachstum kann das der Landwirtschaft nicht Schritt halten. Im Jahr 2000 werden jährlich 50 Mio. Tonnen Lebensmittel fehlen.

Das Ende des Supermachtantagonismus ließ die amerikanische Auslandshilfe weiter absinken. Die Europäische Gemeinschaft ist mit dem 4. Lomé-Programm präsent,[32] das allerdings die wirtschaftliche Lage der Region kaum zu verbessern verspricht. Die Politik überläßt die EG ihren Mitgliedern, von denen im wesentlichen Frankreich in Schwarzafrika aktiv ist, im Tschad und in Zaire. Aber auch Frankreich sah sich durch die Unruhen in der Elfenbeinküste, in Kamerun und im Senegal überfordert.[33]

In Lateinamerika hinterließ das Ende des Ost-West-Konflikts eine mehrfach ambivalente Entwicklung. Auf der einen Seite sank das Interesse der USA an der politischen Unterstützung durch Zentral- und Lateinamerika; es war ohnehin, entsprechend der geringen Bedrohung durch die Sowjetunion, nie sehr hoch gewesen. Daß die lateinamerikanischen Staaten seit Jahren in einer wirtschaftlichen Krise stehen, die die bis 1980 anhaltende Wachstumsperiode drastisch ablöste, hing nicht mit dem Ost-West-Konflikt, sondern mit der Verschuldung zusammen. Der Subkontinent besitzt in Argentinien und Brasilien, weiter nördlich auch in Mexiko, drei große Staaten, die durchaus Großmächte werden können. Andererseits besitzt die Hemisphäre in Gestalt der Vereinigten Staaten eine Supermacht, die nach wie vor die Vormachtposition in Lateinamerika beansprucht. Regionalisierung in Lateinamerika könnte also bedeuten, daß die Machtansprüche der großen Staaten mit denen der hemisphärischen Supermacht USA kollidieren.

Die Praxis sieht anders aus. Während die Vereinigten Staaten zur Zeit des Kalten Krieges Zentral- und Südamerika weitgehend vernachlässigten, wird ihnen die Region nach dem Ende des Ost-West-Konflikts aus wirtschaftlichen Gründen wichtig. Was die Auseinandersetzung mit der Sowjetunion nicht geschafft, sondern eher verdunkelt hatte, tritt jetzt in Washington deutlich in den Vordergrund der Aufmerksamkeit: Die beiden Amerikas erscheinen als eine Wirtschaftsregion, die zu entfalten und zu fördern für die Vereinigten Staaten wichtig werden kann. In einer Zukunft, die durch verstärkte wirtschaftliche Konkurrenz mit der Europäischen Gemeinschaft und Japan gekennzeichnet sein wird, kann sich die ökonomische Ausgangsposition der USA durch die verstärkte Zusammenarbeit in den Amerikas erheblich verbessern. Seit dem Januar 1989 gibt es schon die amerikanisch-kanadische Freihandelszone, die mit Mexiko folgte 1992. Zusammen werden sie die North American Free Trade Association (NAFTA) bilden, die erste Stufe einer gesamtamerikanischen Freihandelszone, die Präsident Bush mit dem im Juni 1990 gestarteten Hilfsprogramm „Enterprise for the Americas“[34] vorbereiten wollte. Die USA haben ihr Interesse an ihrem „Hinterhof“ neu entdeckt.[35]

Dort wird das Interesse mit gemischten Gefühlen aufgenommen. Argentinien und Brasilien, Chile und Uruguay setzen auf Selbständigkeit;[36] sie haben die Rivalität, die ihnen von ihren Militärregierungen aufgezwungen worden war, nach deren Sturz durch Kooperation ersetzt. Mexiko, als mittelamerikanische Vormacht, hatte schon im Kampf der USA gegen die Sandinisten Nicaraguas vermittelt. Es wird diese Rolle verstärken.

Werden die Vormächte in den verschiedenen Weltteilen als regionale Ordnungsfaktoren wirken, als hegemoniale Stabilisatoren? Erst dann würde die Welt wirklich regionalisiert sein. Zu Beginn der neunziger Jahre erscheint die Regionalisierung eher als Reflex der sich zurückbildenden Globalisierung der Weltpolitik. Weil die Sowjetunion zusammengebrochen ist und die Vereinigten Staaten sich um ihre Wirtschaftspolitik kümmern müssen, wächst der Einfluß der Regionalstaaten. Weil der globale Konflikt zu Ende gegangen ist, können sich andere, regionale oder lokale Konflikte intensivieren und ausbreiten. Sie füllen das Vakuum, das die Auflösung der Sowjetunion und das Ende des Weltkonflikts hinterläßt. Das amerikanische Außenministerium nannte im April 1991 70 Staaten, also fast die halbe Welt, deren Besuch inzwischen für amerikanische Bürger gefährlich ist.[37]

Da die Regionen und die regionalen Vormächte meist in einer anderen sozialen Zeit leben als die Industriestaaten des Nordens, werden sie in den Auseinandersetzungen um Führung und Ordnung schneller bereit sein, militärische Gewalt einzusetzen. Ihre Fähigkeiten dazu sind beträchtlich: Mehr als 60 % aller Soldaten der Welt gehören den Entwicklungsländern; ihre Rüstungsausgaben stiegen seit 1960 mehr als doppelt so schnell wie das Bruttosozialprodukt pro Kopf.[38] Die Zahl der gewaltsamen Auseinandersetzungen wird also zunehmen, und zwar vor allem in Schwarzafrika, dessen Staaten bisher weder eine ethnisch-politische Identität gefunden noch stabile politische Eliten aufzuweisen haben und dessen Machtfigur nach der Abschüttelung des kolonialen Erbes erst festgelegt werden muß.

Die USA als Weltpolizist?

Der Handlungsfreiheit der regionalen Vormächte sind dennoch Grenzen gezogen, die regionalisierte Welt wird nicht in das hobbesianische Chaos zurücksinken. Die vom Ost-West-Konflikt erzwungene globale positive Ordnung wird durch eine partielle Verbotsordnung ersetzt, die von den westlichen Industriestaaten, allen voran den USA, erlassen wird. Die Ordnung des Ost-West-Konflikts hatte ein bestimmtes Verhalten vorgeschrieben, nämlich die Obedienz gegenüber dem jeweiligen Block, und sie mit positiven Sanktionen wie Auslandshilfe und Exportgarantien belohnt. Die neue Ordnung beschränkt sich darauf, abweichendes Verhalten durch Negativsanktionen zu verhindern oder rückgängig zu machen. Die Staaten der regionalisierten Welt können sich frei bewegen, solange sie nicht gegen wichtige Interessen der Industriestaaten verstoßen. Da Rußland infolge seiner wirtschaftlichen Schwierigkeiten und seines Rückzugs aus der Welt nur noch rudimentären Einfluß nehmen kann, wird diese Ordnung vor allem von den westlichen Industriestaaten, an ihrer Spitze die USA, durchgesetzt. Diese neue Ordnung verlangt erheblich geringere Aufwendungen vom Westen als die alte.

Für die Vereinigten Staaten entstand in dieser Situation die Versuchung, in die Rolle des Weltpolizisten, des hegemonialen Stabilisators, zurückzukehren, die sie 1969/72 in der Nixon-Doktrin aufgegeben hatten. Nach der Selbstauflösung ihres weltpolitischen Rivalen Sowjetunion genießen die USA eine fast unbeschränkte Handlungsfreiheit. Sie sind die stärkste Militärmacht der Welt und verfügen infolge der Reaganschen Aufrüstung über ein großes Potential zur „power projection". Ihre Handlungskapazität vergrößerte sich noch durch die de facto-Zusammenarbeit „out of area" mit den NATO-Alliierten und, solange die Sowjetunion bestand, durch die regionale Kooperation mit Moskau.

Sie begann bereits, als der Antagonismus noch die Beziehungen zwischen den beiden Supermächten bestimmte. Präsident Reagan hatte sie 1985 in einer Rede vor den Vereinten Nationen vorgeschlagen. Bei der Veränderung der Supermachtbeziehungen hin zur Kooperation spielte der Regionalismus eine große, die sensible Verständigung in der Rüstungskontrolle abstützende und ergänzende Rolle. Er trat erstmals 1988 offen in Erscheinung, als die fünf Peripheriekriege in Afghanistan, Angola, Kambodscha, in der Sahara und dem Tschad gleichzeitig zu Ende gebracht wurden. In großem Stil zeigte sich der Regionalismus in der stillschweigenden Kooperation der Sowjetunion bei der amerikanischen Marineaktion im Persischen Golf, 1988, die den irakisch-iranischen Krieg entschied.

Ihre Krönung fand die Zusammenarbeit der Supermächte im Kampf gegen die irakische Invasion Kuwaits. Ohne die aktive politische Mitarbeit der Sowjetunion, die erst vor der Teilnahme an der Militäraktion haltmachte, hätten die USA weder die UN-Koalition zustande bringen noch den Irak mit Gewalt aus Kuwait vertreiben können. In der Golfkrise zeigte sich, daß der Regionalismus der Supermächte eine Klammer mit globaler Spannweite gebildet hatte, sozusagen die Deckenkonstruktion der Neuen Weltordnung. Präsident Bush demonstrierte ihren Wert, als er nach der Auflösung der Sowjetunion Rußland mit Jelzin an deren Stelle zu setzen versuchte.

Das Fundament der Neuen Weltordnung aber wird durch die Bündnisbeziehungen der USA zu den westeuropäischen Staaten gebildet. Wenn ein Regionalstaat gegen vitale westliche Interessen verstößt, wird er durch die wirtschaftliche Macht oder notfalls durch die militärische Gewalt der westlichen Industriestaaten, gegen die es kein Gegenmittel gibt, zur Korrektur gezwungen. Die Bestrafung des Irak hatte insofern auch exemplarische Bedeutung, als sie alle Regionalstaaten über die Grenzen ihrer Handlungsfreiheit und die Folgen ihrer Überschreitung informierte.

Diese Doppelkonstruktion der Neuen Weltordnung wird zusammengehalten und aktiviert durch die Vereinigten Staaten. Ohne sie wären weder die Koalition noch der Feldzug gegen den Irak zustande gekommen. Sie hätten diese Militäraktion, deren

Hauptlast sie ohnehin trugen, auch allein durchführen können. Präsident Bush hatte einen solchen Alleingang für den Fall angekündigt, daß die Koalition nicht mitziehen würde. Er hatte bei der Invasion Panamas, im Dezember 1989, allein gehandelt. Die Tendenz zum Unilateralismus ist den USA endemisch, genauso aber auch die Neigung, in einer Koalition zusammenzuarbeiten. Sie gibt ihnen die Gewißheit, daß die von ihnen verfolgten Ziele von einer Staatengruppe geteilt werden, also nicht nur völkerrechtlich legal, sondern auch weltpolitisch legitim sind. In der Golfkrise hatten sie sogar den universalen Konsens hinter sich. Als im Übergang zum Golfkrieg der Konsens in der Bundesrepublik und Japan abnahm, zeigte sich in der gereizten amerikanischen Reaktion sowohl die Empfindlichkeit gegenüber einer solchen stummen Kritik wie der Anspruch der westlichen Vormacht auf Folgeleistung ihrer Alliierten. Dieser Anspruch steuerte auch den amerikanischen Einspruch gegen die Ausbildung einer sicherheitspolitischen Integration der EG-Staaten im Frühjahr 1991.

Die USA verstehen sich durchaus als Architekt und Garant der Neuen Weltordnung. Präsident Bush hat 1991 in mehreren großen Reden das Leitmotiv dieser Ordnung entwickelt, nämlich „neue Wege der Zusammenarbeit mit den anderen Nationen zu finden, um Aggression abzuschrecken und Stabilität, Wohlstand und vor allem Frieden zu erreichen". Sein Nachfolger Bill Clinton hat diesen Anspruch beibehalten.

Das erste Ziel, die Aggression abzuschrecken, kann als erreicht gelten. Einen zweiten Überfall im Stil des Irak gegen Kuwait wird es so bald nicht wieder geben. Die Negativordnung steht. Reicht sie aber aus? Könnte der Durchsetzungsaufwand, den die westlichen Industriestaaten notfalls leisten müßten, erheblich gesenkt werden, wenn es gelänge, die Staaten doch auf eine Positivordnung zu verpflichten, die die Gewaltursachen ausräumt? Sie liegen ja weniger im Sachbereich der Sicherheit als vielmehr in dem der Wohlfahrt und der Herrschaft bzw. in der Partizipation daran. Hier müßten Korrekturen erfolgen, sie lassen sich aber nicht erzwingen, schon gar nicht mit militärischer Gewalt.

Hier stößt die hegemoniale Stabilisierung der Welt auf Grenzen. Der Irak hat sie deutlich sichtbar gemacht, als er sich zwar aus Kuwait vertreiben, aber nicht zum Wohlverhalten, nicht zur Demokratisierung, nicht einmal zur Schonung seiner eigenen Staatsangehörigen anhalten ließ. Der Staat Kuwait konnte befreit, aber sein Herrscherhaus konnte nicht zur Demokratisierung veranlaßt werden. Auch der Konflikt zwischen Israel, den Arabern und den Palästinensern läßt sich durch die Anwendung militärischer Gewalt von außen nicht lösen. Die Beschränkung auf die Durchsetzung einer Negativordnung wird der Welt des ausgehenden 20. Jahrhunderts nicht gerecht, die sich im Übergang befindet „zwischen der hegemonialen Kooperation ... und einem neuen Zustand, der entweder durch Streit oder durch posthegemoniale Kooperation gekennzeichnet sein wird".[39]

Selbst bei sehr viel bescheideneren Zielen als es das der Neuen Weltordnung ist, haben die USA und die westlichen Industriestaaten feststellen müssen, daß die Einhaltung von Geboten sehr viel schwerer durchzusetzen ist als die von Verboten. Der Golfkrieg zeigte den relativen Mißerfolg der Bemühungen, die Staaten der Welt zum Verzicht auf den Erwerb von Massenvernichtungswaffen und den dazugehörigen Trägersystemen zu veranlassen. Mehr als zwanzig Staaten können wahrscheinlich chemische Waffen herstellen, wahrscheinlich zehn besitzen nukleare Waffen. Beide Typen sind besonders konzentriert im Nahen und Mittleren Osten, wo auch schon bakteriologische Waffen vermutet werden. Giftgas hatten schon Iran und Irak in ihrem Krieg gegeneinander eingesetzt, der Irak hatte es auch gegen die Kurden im eigenen Land verwendet. Der Irak verfügte vermutlich über fünf Giftgasproduktionsanlagen mit Kapazitäten von mehreren hundert Tonnen pro Jahr.[40] Ein weiterer Großproduzent ist Israel, gefolgt von Ägypten, das schon 1973 syrische Truppen mit Giftgas versorgt hatte. Daß auch Libyen über einschlägige Produktionsstätten verfügt, wurde 1988 im Zusammenhang mit der Beteiligung deutscher Firmen daran bekannt. Weil es billig herzustellen und einfach zu verschießen ist, gilt das Giftgas als die „Atombombe der kleinen Staaten". Sie befindet sich auch in den Händen Äthiopiens, Afghanistans, wahrscheinlich auch denen der beiden Koreas und Taiwans. Die CIA schätzt, daß in mindestens zwanzig Ländern der Welt die Produktion von Chemiewaffen stattfindet oder mindestens angestrebt wird.[41]

Auch Nuklearwaffen sind in der Region des Nahen und Mittleren Ostens konzentriert. Israel verfügt schätzungsweise über 50 Atomsprengköpfe.[42] Die Potentiale des Irak, die er wohl besessen, aber immer geleugnet hat, wurden aufgrund der Waffenstillstandsresolution 687 des UN-Sicherheitsrats zerstört. Der Irak könnte aber, wie auch der Iran, von Pakistan mit solchen Waffen versorgt werden. Pakistan steht seit langem unter dem Verdacht, Nuklearwaffen hergestellt zu haben. Der amerikanische Kongreß hatte aus diesem Grunde am 1. Oktober 1990 die gesamte amerikanische Wirtschafts- und Militärhilfe an Pakistan ausgesetzt.[43] Indien hatte schon 1974 einen nuklearen Sprengsatz gezündet, das Vorhandensein von Nuklearwaffen aber bisher geleugnet. Dennoch ist damit zu rechnen, daß, kommt es zu einem Krieg zwischen Indien und Pakistan über Kaschmir, von beiden Seiten Nuklearwaffen eingesetzt werden.[44] Die Volksrepublik China tritt seit langem offen und stolz als Nuklearmacht auf; daß die Republik Südafrika Kernwaffen besaß, hat sie inzwischen eingestanden. Argentinien und Brasilien begannen in den siebziger Jahren mit dem Aufbau eines Nuklearwaffenprogramms, stellten es aber in den achtziger Jahren wieder ein. Ende November 1990 verzichteten sie offiziell auf die Produktion von Kernwaffen und unterwarfen sich wechselseitiger Verifikation.

Um ihre chemischen und nuklearen Waffen über weite Strecken zu verschießen, verfügen die Staaten des Nahen und Mittleren Ostens seit geraumer Zeit über Mittelstreckenraketen.[45] Sie kauften sie von der Sowjetunion oder von westlichen Staaten, später dann von China, inzwischen auch von Brasilien und Argentinien sowie Nordkorea. Ihre Reichweiten liegen durchweg bei oder über 1000 km. Die Volksrepublik China hat ihr Raketenprogramm derart entwickelt, daß sie es westlichen Staaten zu kommerziellen Zwecken zur Verfügung stellt. Iran hat eigene Raketenindustrien; die des Irak wurden 1991 zerstört.

Mittelstreckenraketen gibt es in den beiden Koreas, in Pakistan, in Indien und auf Taiwan.

Biologische Waffen sind offensichtlich in der Dritten Welt noch nicht weit verbreitet.[46] In den Händen von Terroristen könnten sie in der industrialisierten Welt riesigen Schaden anrichten, ohne das Ursprungsland miteinzubeziehen.

Kann die Politik hegemonialer Stabilisierung bei der Kontrolle, der Abrüstung und der Nichtweiterverbreitung von Massenvernichtungswaffen noch eine sinnvolle Rolle spielen, so sind ihr, bei den die neunziger Jahre charakterisierenden Konflikten sehr viel engere Grenzen gesetzt. Mit dem Ende des Ost-West-Konflikts zerfallen die Imperien, die sich nur mit Hilfe des Konfliktdrucks stabilisieren ließen. Jugoslawien ist der erste, dramatische Fall. Die Sowjetunion hat sich schon aufgelöst, aber der Zerfallsprozeß Rußlands und der anderen GUS-Staaten geht weiter. Er könnte durchaus auch bürgerkriegsähnliche Zustände heraufbeschwören, wie sie en miniature zwischen Aserbeidschan und Armenien über Berg-Karabach schon unter Gorbatschows Ägide aufgetreten waren.

Vom Zerfall sind aber auch manche postkolonialen Ordnungen in den Entwicklungsländern betroffen. Hier hat zwar der sich dem Ende zuneigende Ost-West-Konflikt die mit ihm direkt verbundenen fünf Kriege beendet. Er hat aber gleichzeitig gesellschaftliche Kräfte freigesetzt, die die durch den Ost-West-Konflikt stabilisierten Herrschaften oder Ordnungssysteme abschüttelten und dabei die Gewalt entfachten. Somalia unter Staatspräsident Mohammed Siad Barre symbolisiert mit Korruption und Unterdrückung den einen Typ; Angola mit dem aus der amerikanischen Obhut sich emanzipierenden Rebellenführer Savimbi den zweiten. Das dazwischen liegende breite Band von Bürgerkriegen erstreckt sich von Kambodscha über Burma (wo er gewaltsam niedergehalten wird) bis nach Äthiopien, den Sudan, auch Kenia, Mosambik bis nach Zentralamerika, wo der Konflikt in El Salvador noch nicht befriedet ist, in Nicaragua wieder aufflammen und schließlich sogar Kuba erreichen könnte, das nach dem Ausfall der Sowjetunion die Misere sozialistischen Wirtschaftens voll zu spüren bekommt.

Mit einer solchen Fülle von Konflikten, die primär innerstaatlich und nicht zwischenstaatlich sind, ist jeder Hegemon überfordert. Die Vereinigten Staaten haben sich im Winter 1992/93 Somalia ausgesucht und dort mit ihrer humanitären Intervention hegemonialen Internationalismus demonstriert. Solche Eingriffe können sie, schon weil die inneramerikanische Zustimmung fehlt, weder ausweiten noch vermehren. Die Entsendung amerikanischer Bodentruppen in das frühere Jugoslawien hat Präsident Clinton ausdrücklich ausgeschlossen. Nur wenn Rußland und die ganze GUS in einem Chaos von Gewalt implodieren und – was allerdings ganz unwahrscheinlich ist – die Gefahr unkontrollierter Atomwaffenabschüsse heraufbeschwören sollten, könnte sich das ändern.

Die Vereinigten Staaten unter Bill Clinton wissen sehr genau, was schon Präsident Nixon Anfang der siebziger Jahre wußte, obwohl ihm die Führungsmittel des Ost-West-Konflikts noch zur Verfügung standen: Die Vereinigten Staaten sind wirtschaftlich wie militärisch mit der Rolle des Weltpolizisten überfordert. Sie wird auch von der amerikanischen Gesellschaft angesichts so vieler dringender wirtschaftlicher und sozialer Probleme nicht mehr angenommen. Dies nicht erkannt zu haben, war der Fehler George Bushs, der ihn die Wiederwahl 1992 gekostet hat. Dies richtig gesehen zu haben, ist das Verdienst von Bill Clinton, der seine Wahlkampagne und zumindest seine ersten hundert Tage ausschließlich auf die Wirtschafts- und Sozialpolitik, auf die Beschaffung von Arbeitsplätzen und die Belebung der Konjunktur abgestellt hat. Warum sollten die Vereinigten Staaten die Sicherheit und die Wohlfahrt anderer Staaten besorgen, wenn beide im eigenen Land gefährdet waren?

Indem Bill Clinton diese veränderten Anforderungen der amerikanischen Gesellschaft aufgriff, folgte er seinem demokratischen Vorgänger Jimmy Carter. Der allerdings scheiterte an der Bürokratie und an den Machtpositionen in der politischen Klasse, die ganz dem hegemonialen Internationalismus[47] oder, wie es damals hieß, der Security School verpflichtet waren. Clinton muß, will er nicht das gleiche Schicksal erleiden, diese Struktur aufbrechen und den Apparat verändern. Erst dann sind die

Chancen der zweiten Denkschule in den USA, der des liberalen Internationalismus oder, wie sie in den siebziger Jahren hieß, der Equality School, sehr viel besser. Sie verzichtet ja nicht auf Führung. Sie übt sie allerdings kooperativ aus, statt sie unilateral zu erzwingen; beschränkt sie nicht auf den Oberbefehl in Militärallianzen, sondern versteht sie als Initiativfunktion in den großen Bereichen der wirtschaftlichen und der politischen Kooperation.

Mit ihnen kann man den Ursachen innerstaatlicher Gewaltaufbrüche sehr viel besser beikommen, vielleicht sogar zuvorkommen. Wird die Kooperation institutionalisiert, wie in den internationalen Organisationen, kann der Führungsinput vervielfacht werden. Statt, wie es Ronald Reagan einst vorgeschwebt hatte, mit dem peacemaker, dem Colt also, in der ganzen Welt für die Einhaltung der von den USA erlassenen Spielregeln zu sorgen, könnte Präsident Clinton eine neue Weltordnung dadurch durchsetzen, daß er die Gesellschaften und die Regierungen der Staaten für sie gewinnt. Das ist nicht einfach, es bedeutet auch nicht, auf militärische Macht insgesamt zu verzichten. Es bedeutet, sich einer Konzeption von Weltführung zu erinnern, die die Vereinigten Staaten schon einmal, nämlich nach dem Ende des Zweiten Weltkrieges entwickelt und von 1945 bis 1949 auch praktiziert hatten: Führung der Welt durch Führung einer internationalen Organisation. Ob die Vereinigten Staaten darauf zurückgreifen, wird sich am ehesten an ihrer Einstellung zu den Vereinten Nationen erkennen lassen.

Die Vereinten Nationen als globales Steuerungsinstrument?

Die Überlegungen[48] kreisen um die internationale Organisation als kollektiven Ersatz für die Hegemonie. Die Parallele zur innerstaatlichen Entwicklung bietet sich an: Das Herrschaftssystem der Monarchie wurde durch die Demokratie ersetzt, nachdem sich das Bürgertum emanzipiert hatte. Analog dazu überfordert die Emanzipation der Regionalstaaten den hegemonialen Unilateralismus, so daß er durch die kollektive Kooperation in der internationalen Organisation ersetzt werden muß. Der

Vergleich ist gewagt und problematisch, hat aber einen realen Kern: Unilaterale Führung hängt von stark asymmetrischen Machtverteilungen ab. Ändern sie sich, muß sich auch der Führungsstil verändern.

Die Golf- und Jugoslawienkrise machen es deutlich. Obwohl die USA die treibende und die ausführende Kraft waren, integrierten sie sich in den Entscheidungsprozeß des UN-Sicherheitsrates. Daß er die führende Rolle in beiden Krisen übernahm, wurde mit Recht vielfach als das eigentlich Aufregende angesehen. Nach 40 Jahren der Lähmung und der Stagnation kehrten die UN, so schien es, in die Funktion zurück, die ihnen 1945 zugedacht worden war.

Der genauere Blick zeigt freilich, daß die Renaissance der UN schon 1985 begann, allerdings nicht mit der Erzwingung, sondern mit der Sicherung des Friedens. Die Weltorganisation konnte wichtige sicherheitspolitische Aufgaben lösen, und zwar an der Peripherie der Ost-West-Rivalität. Die Zahl der Friedenssicherungsoperationen hat sich von 1985 bis 1993 verdoppelt. Im Januar 1993 liefen dreizehn von ihnen, mit einem Personal von mehr als 52 000 Menschen aus 67 Ländern und einem Kostenaufwand von 2,8 Mrd. USD, 1,1 Mrd. davon ungedeckt.

Mit den Resolutionen, die den „Einsatz aller notwendigen Mittel" gegen den Irak und Jugoslawien erlaubten, griff der Sicherheitsrat auf die Möglichkeit des Kapitels VII der UN-Charta zurück, den Frieden mit Gewalt zu erzwingen. Einen Moment lang sah es so aus, als übernähme jetzt der Sicherheitsrat die Rolle der Quasi-Weltregierung, die ihm 1945 zugedacht worden war. Aber der Eindruck täuscht. Zunächst hat der Sicherheitsrat den Gewalteinsatz nicht angeordnet, sondern nur erlaubt. Aber auch dagegen zeigte sich Widerstand. China, eines der fünf Ständigen Ratsmitglieder, enthielt sich in beiden Fällen der Stimme. Allgemein gesagt: Es gab einen globalen Konsens für die Verurteilung der irakischen und der serbischen Gewalt. Bei der UN-Genehmigung des Gewalteinsatzes bröckelte der Konsens erheblich ab.

Die Weltorganisation hatte bei der gewaltsamen Bestrafung von Friedensbrüchen und Aggressionen von Anfang an keine guten Zeugnisse. Sie hatte nach dem Eingriff in Korea 1950 – dessen rechtliche Qualität bis heute umstritten geblieben ist – nur noch einmal, nämlich 1968, eine Gewaltmaßnahme autorisiert: die britische Ölblockade gegen Rhodesien. Die vom Sicherheitsrat beschlossenen Gewaltmaßnahmen gegen den Irak und Serbien mußten durch einzelne Mitgliedsstaaten in eigener Regie ausgeführt werden. Bei der Verabschiedung der Charta 1945 war eine solche Regelung nur bis zu dem Zeitpunkt vorgesehen worden, an dem entsprechende Abkommen den Sicherheitsrat zur Weltpolizei gemacht haben würden.[49]

Sie werden auch in Zukunft kaum geschlossen werden. Sie kollidieren mit dem Souveränitätsverständnis der Regierungen, die den Widerspruch zwischen dem Einsatz eines multilateralen Instruments und dem Beharren auf unilateraler Ausführung nicht begriffen, ihn jedenfalls bis 1993 aufgelöst haben zugunsten der unbeschränkten Bewahrung nationaler Verfügungsgewalt. Die Gründungsväter der UN hatten da schon ein fortschrittlicheres Bewußtsein gehabt. Zwar braucht der Sicherheitsrat kein stehendes Heer. Stand by-Arrangements, wie sie Generalsekretär Boutros-Ghali vorgeschlagen hat, sind flexibler und billiger. Der strategische Oberbefehl kann ebenfalls in der Hand der Staaten verbleiben, die die Operationen vor Ort ausführen. Aber das Oberkommando muß der Sicherheitsrat behalten. Sonst wird aus der Erzwingungsoperation durch die Vereinten Nationen, hinter der die Legitimität dieser Weltorganisation steht, eine Strafexpedition von Industriestaaten, die sich dazu lediglich einer allgemeinen Ermächtigung durch den Sicherheitsrat bedienen.

Verstärkt sich dieser Trend, dann löst sich das Gewaltmonopol langsam auf, das Gewaltverbot des Artikels 2,4 UN-Charta wird ausgehöhlt. Das 1993 artikulierte Interesse der Bonner Regierungskoalition, sogar in einem Zweierverband, d.h. praktisch: allein, über den Gewalteinsatz der Bundeswehr entscheiden zu können, deutet schon in diese gefährliche Richtung. Die Reaktivierung der Vereinten Nationen als einem wichtigen Baustein der Neuen Weltordnung würde über solches Fehlverhalten in das Gegenteil verkehrt. Die alte Staatenordnung von vor 1945 würde wiederhergestellt, der Gewalteinsatz erneut zum legalen Mittel der Politik.

Interessantes Neuland hingegen hat der Sicherheitsrat mit seiner Resolution 688 vom 5. April 1991 betreten. Sie fordert den Irak auf, auch die Unterdrückung der „irakischen Zivilbevölkerung" sofort zu beenden. Mit dem Hinweis auf die in dieser Unterdrückung liegende Friedensbedrohung hat der Sicherheitsrat erstmals die Verantwortung für die internen Zustände des Irak an sich gezogen, sich also in die „inneren Angelegenheiten" eines Landes, die nach Art. 2,7 der UN-Charta eigentlich geschützt sind, eingemischt. Das war ein großer Schritt nach vorn, über die traditionellen Vorstellungen von der Staatenwelt hinaus zu einem Weltverständnis, in dem auch die Herrschaftssysteme und die Innenpolitik der Staaten von Interesse für die Vereinten Nationen und die von ihr repräsentierte Staatengemeinschaft sind. Es ist das Verständnis der Welt als Gesellschaftswelt.

In Somalia und Kambodscha, wo die Vereinten Nationen sich sogar als Regierungsgewalt bestätigten, hat sich dieses Verständnis erneut gemeldet. Es steuerte auch die Verurteilung der Gewalt in Bosnien-Herzegowina. Zwar gibt es keinen weltweiten Konsens über die Lösung des jeweiligen Konflikts, wohl aber einen gegen die Gewaltanwendung dabei, sei sie nun zwischenstaatlich oder innerstaatlich. Der Konsens würde auch ein stärkeres Engagement der Vereinten Nationen in Bosnien-Herzegowina getragen haben, etwa die Neutralisierung der Gewalt durch eine ausreichend große Friedenstruppe und die Übernahme temporärer Regierungsgewalt wie in Somalia. Generalsekretär Boutros-Ghali dachte in dieser Richtung mit seinem Vorschlag, die Einhaltung einmal beschlossener Waffenstillstände durch „ceasefire enforcement units" zu erzwingen, notfalls mit Gewalt.[50]

Die Konzentration auf die – derart erweiterte – Friedenssicherung enthält keinen Freibrief für die zwischenstaatliche Aggression. Sie kann, wenn die ständigen Sicherheitsratsmitglieder zusammenstehen, mit den Zwangsmitteln des Kapitel VII abgewehrt werden. Für den sich daran anschließenden Konfliktlösungsprozeß und für alle Fälle innerstaatlicher Gewaltanwendung sind Friedenssicherungsmaßnahmen das beste Mittel. Indem sie die Gewalt verhindern, erzeugen sie die notwendige (wenn auch natürlich nicht die hinreichende) Voraussetzung für die gewaltfreie Bearbeitung und Lösung der Konflikte.

Das ist weder leicht noch ungefährlich; es ist ein von akuten Notlagen heraufbeschworenes Hilfsmittel. Daher stellt sich die Frage, ob die Vereinten Nationen nicht der Prävention von Gewalt mehr Aufmerksamkeit widmen sollten als ihrer Sanktion, ob Kriegsverhütung nicht wichtiger ist als erfolgreiche Kriegführung. Die Vereinten Nationen ließen sich als globales Steuerungsinstrument viel besser einsetzen, wenn ihre Kapazität zur vorbeugenden Gewaltverhinderung weiterentwickelt werden würde. Darauf lautete auch ihr ursprünglicher, schon zum Anfang des 18. Jahrhunderts konzipierter Auftrag. Die Organisation sollte die Mitglieder des Staatensystems zusammenführen und in deren kontinuierlicher Kooperation dafür sorgen, daß die in der anarchischen Struktur des internationalen Systems liegende Unsicherheit und damit eine der wichtigsten Gewaltursachen, das Sicherheitsdilemma, abgebaut würde. Die institutionalisierte Interaktion öffnet, wenn sie intensiviert wird, auch die Innenpolitiken der Staaten der wechselseitigen Beeinflussung, die zur Gewaltverminderung eingesetzt werden kann. Die „Einmischung in die inneren Angelegenheiten" verändert ihren Stellenwert, gestaltet sich von der unerwünschten gewaltsamen Intervention um in die völlig gewaltfreien, der Interdependenz entspringenden Prozesse der Nachahmung und Anpassung, aber auch des wirtschaftlichen und politischen Drucks. Konflikte, die im Rahmen einer internationalen Organisation bearbeitet werden, haben daher eine sehr viel größere Chance, gewaltfrei zu bleiben als andere.

Generalsekretär Boutros-Ghali hat in seiner im Juni 1992 veröffentlichten „Agenda für den Frieden" der Beseitigung der Gewaltursachen mit Recht viel mehr Aufmerksamkeit gewidmet als ihrer Sanktionierung. Dementsprechend müßten Strategien der vorbeugenden Außenpolitik entwickelt werden, unter denen der Multilateralismus eine entscheidende Rolle spielen wird.

Unter einer internationalen Organisation ist nicht notwendigerweise nur eine formalisierte Institution zu verstehen, sondern auch jede organisierte Kooperation, für die sich heute der Name „Regime" eingebürgert hat.[51] Auch Regime bilden eine nicht-hegemoniale, gleichberechtigte Form der Konfliktbearbeitung. Sie geben, sozusagen, die unterste Stufe sich verstetigender Kooperation ab. Die oberste wird dann von Organisationen gebildet, die, wie die EG, den Übergang in die Integration schon begonnen haben. Auf dieser Skala nehmen die Vereinten Nationen als globale Organisation einen relativ niedrigen, könnte statt dessen die KSZE einen vergleichsweise hohen Rang einnehmen. Im Prinzip tragen alle zum Prozeßmuster gewordenen Kooperationen dazu bei, die Gewaltursachen zu verringern.

Sie sind in der multipolaren und polyarchen Welt naturgemäß zahlreich und heterogen. Gerade in vielen Entwicklungsländern wird postkoloniale Herrschaftsausübung mit kolonialen Erfahrungen und vorkolonialen Erbschaften legitimiert. Stimmen ethnische Identität und staatliche Homogenität nicht überein, gibt wirtschaftliche Entwicklung nur zu häufig den Nährboden ab, auf dem autoritäre Herrschaft Gewaltpotentiale ansäen und wachsen lassen kann.[52] Aber die Vielschichtigkeit muß aufgelöst werden in die einzelnen, gewaltverursachenden Lagen, damit sie einzeln der Analyse und der politischen Bearbeitung zugeführt werden können. Wie immer die regionale, nationale, ethnische, religiöse und wirtschaftliche Situation des einzelnen Staates beschaffen sein, wie immer seine geschichtliche Genese ausgefallen und damit sein Erfahrungshorizont ausgestaltet sein mag – sein Außenverhalten in der multipolaren Welt wird sich nach der Struktur seines Herrschaftssystems, der Anordnung und Handlungsfreiheit der verschiedenen Interessen sowie nach der strategischen Kompetenz seiner Akteure richten. Ihr Verhalten wiederum wird maßgeblich von der internationalen Umwelt bestimmt werden, in der sie sich zu bewegen haben.

Deswegen ist es so wichtig, diese Umwelt, die sich nach dem Ende des Ost-West-Konflikts so radikal verändert hat, neu zu gestalten. Die disziplinierende Funktion, die der Ost-West-Konflikt gehabt hat, muß ersetzt werden durch die stimulierende Funktion, die aus der Bildung von Regimen und organisierten

Kooperationen bis hin zu internationalen Organisationen entsteht. Sie allein sind imstande, in der regionalisierten, also hoch diversifizierten Welt der neunziger Jahre eine internationale Umwelt zu schaffen, die im lokalen, subregionalen, regionalen und globalen Kontext Übersichtlichkeit bewirkt und damit den in der chaotischen Systemstruktur angelegten, sich jetzt möglicherweise beschleunigenden Rekurs auf die Gewalt vermindert. Sie können, indem sie die Kooperation zwischen den Gesellschaften fördern, sie in Richtung auf zunehmenden Gewaltverzicht homogenisieren. Diese Prozesse werden weder einfach noch schnell verlaufen. Aber ihre Erfolgsaussichten sind gut, weil diese Prozesse auf die Ursachen der Gewalt gerichtet sind.

Diese organisierte oder auch nur institutionalisierte Kooperation könnte zum Vehikel des „polycentric steering“[53] werden, das global wie regional die Staaten zusammenführt und ihre Konfliktbearbeitung erleichtert. Ansätze dazu gibt es. In Europa könnte die KSZE eine solche Rolle spielen, wenn sie wirklich aktiviert und nicht dauernd in den Hintergrund geschoben werden würde. Im Nahen und Mittleren Osten gibt es mehrere Zusammenschlüsse, angefangen von der Arabischen Liga über den Golf-Kooperationsrat bis hin zur Arabischen Maghreb-Union von 1988.[54] Da keine von ihnen Israel einschließt, sind sie zur Regimebildung ungeeignet, dienen sie partikularen, nicht den regionalen Interessen. Das ließe sich ändern, wenn ein nahöstliches Sicherheitssystem installiert wird, das sich in der von der Bush-Administration begonnenen und von Präsident Clinton fortgesetzten Förderung von Verhandlungen zwischen Israelis, den Arabern und den Palästinensern vorzubilden scheint.

In Afrika sind Überlegungen im Gang, eine „informelle Koalition“ kleiner Vertretungsgruppen der afrikanischen Länder zu bilden, um die Führung bei der frühen Bearbeitung potentieller Konfliktformationen zu übernehmen.[55] Die Organisation afrikanischer Staaten ist dabei, den in Europa entwickelten Begriff der vertrauensbildenden Maßnahmen auch für die Region Schwarzafrika zu übernehmen. Ein Anschauungsbeispiel dafür bietet die Southern African Development Co-Ordination Conference.

In Asien gibt es neben dem schon konturierten Zusammenschluß der ASEAN eine Reihe weiterer, wenngleich lockererer Organisationen, nämlich die South Asian Association of Regional Cooperation (SAARC) unter der Führung Indiens, ferner die Asian-Pacific Economic Cooperation (APEC), an der unter anderem auch die USA und Australien beteiligt sind. Langsam beginnt aber auch die Idee einer der KSZE nachgebildeten Sicherheitsorganisation Asiens Gestalt anzunehmen, die alle Staaten der Region, Japan eingeschlossen, umfassen soll.

Die internationalen Organisationen, allen voran die Vereinten Nationen, könnten das Ordnungsdefizit füllen, das der beendete Ost-West-Konflikt hinterlassen hat.[56] Den USA fehlen, und nicht nur aufgrund auch ihrer Erschöpfung, die Ressourcen für eine globale Hegemonie. Sie wäre auch nicht wünschenswert. Die Aktivierung und die Führung internationaler Organisationen aber könnten die USA sehr wohl übernehmen. Sie haben das schon einmal, 1943–1946, gemacht, wie überhaupt die angelsächsische Tradition den Instrumentarien der internationalen Organisationen sehr viel offener gegenübersteht als die kontinentaleuropäische. Nach der offenen Ablehnung der Vereinten Nationen unter der Reagan-Administration erhob schon Präsident Bush die Vereinten Nationen in den Rang eines wichtigen Bausteins seiner Neuen Weltordnung. Im Konzept Präsident Clintons spielen die UN wieder eine herausragende Rolle.

Organisationen und Regime würden die gesteigerte Bewegungsfreiheit der regionalisierten Welt verknüpfen mit der Erzeugung von jenem Grad positiver Ordnung, der die Voraussetzung bildet für die gewaltfreie Konfliktbearbeitung in der internationalen Politik. „Policentric Steering“, das liberale Äquivalent der „hegemonialen Stabilisierung“ könnte verhindern, daß die aus dem Konkurs des Ost-West-Konflikts möglicherweise erwachsende Unordnung einen neuen Weltordnungskonflikt heraufbeschwört.

III. Die Gesellschaftswelt

1. Abschied von der Staatenwelt

Der zweite Schnitt durch die Weltpolitik nach dem Ende des Ost-West-Konflikts gilt den Herrschaftsordnungen der Staaten, dem Verhältnis zwischen den politischen Systemen und ihren Gesellschaften. Hier sind ganz entscheidende Veränderungen aufgetreten, hier liegt die eigentliche Ursache des Strukturwandels der Weltpolitik. Der Sturz der kommunistischen Herrschaftsordnungen durch die revoltierenden Gesellschaften in Polen, Ungarn, der Tschechoslowakei und der DDR beendete – zusammen mit den den Kommunismus delegitimierenden Reformen Gorbatschows in der Sowjetunion – den Ost-West-Konflikt. Dadurch wurde die seit den siebziger Jahren zu beobachtende Tendenz zur Demokratisierung, jedenfalls zur Durchsetzung der Menschen- und Bürgerrechte gegen autokratische Herrschaften jeglicher Couleur erheblich verstärkt.

Gleichzeitig änderte sich die Agenda der Weltpolitik. Nachdem das kommunistische Lager an seinen internen Widersprüchen zusammengebrochen ist, geht es im Sachbereich der Sicherheit nicht nur um Bedrohungen von außen. Über die Sicherheit eines Staates bestimmen zunehmend seine Verteilungsleistungen auf den Sachbereichen Wirtschaft und Herrschaft. Die Gesellschaften werden die Politik mitbestimmen und dabei ihre Interessen an Identität, Tradition, Kultur, Religion miteinbringen, vor allem ihr Interesse an gesellschaftlicher Entwicklung. Es richtet sich auch nach außen und fordert dort eine gerechtere Verteilung der erzeugten Güter. Vor allem aber richtet es sich nach innen, fordert Mitsprache an Entscheidungen der politischen Systeme, die Berücksichtigung der gesellschaftlichen Interessen in der Außenpolitik.

Die weltpolitischen Folgen sind in ihrer Ambivalenz schwer

abzuschätzen. Einerseits werden die steigenden Anforderungen der Gesellschaften nach materialer Bedürfnisbefriedigung die Konkurrenz um die Ressourcen anfachen, die Konflikte vermehren und verschärfen. Andererseits steigt mit dem Wohlstand und der Mitbestimmung der Gesellschaften an den herrschaftlichen Entscheidungen die Ablehnung der organisierten militärischen Gewaltanwendung. Die Gesellschaftswelt wird erst langfristig weniger Gewalt aufweisen als die Staatenwelt des Ost-West-Konflikts; kurz- und mittelfristig könnte die Gewalt sogar zunehmen.

Der zweite Querschnitt durch die Welt untersucht die internen Zustände der Staaten nach dem Ende des Konflikts zwischen Liberalismus und Kommunismus. Er verläßt damit ausdrücklich die in der Wissenschaft noch immer vorherrschende Theorie des Neorealismus und das dazugehörige Modell der Welt als einer Staatenwelt.[1] In beiden spielen die Eigenschaften der Staaten, ihre Herrschaftssysteme und sozioökonomischen Strukturen keine Rolle; das Verhalten der Staaten wird durch die anarchische Struktur des internationalen Systems, das ihnen allen die gleichen Verhaltenszwänge auferlegt, determiniert.[2] Seit dem bahnbrechenden Aufsatz von John Herz von 1957 über den „Aufstieg und Niedergang des Territorialstaates“[3] ist bekannt, daß dieses Modell veraltet ist. Die Welt des ausgehenden 20. Jahrhunderts ist keine Staatenwelt mehr.

In der OECD-Welt hat die Interdependenz[4] die Grenzen zwischen den Staaten durchlässig gemacht für die Interaktion der gesellschaftlichen Akteure; in der EG-Welt sind diese Grenzen 1993 praktisch gefallen. In den Entwicklungsländern sind diese Grenzen – wie bei den früheren RGW-Staaten – noch weitgehend intakt. Die Welt befindet sich in unterschiedlichen Stadien der Entwicklung; sie bildet ein asymmetrisches, gebrochenes Gitter von Handlungszusammenhängen.[5] Asymmetrisch verteilt sind nicht nur Grade der ökonomischen Entwicklung, sondern auch die der Partizipation an der Herrschaft. In den westlichen Demokratien sehr hoch, sind diese Grade in anderen Weltteilen noch niedrig. Überall aber ist die Partizipation und der Wunsch dazu vorhanden, überall steigen beide. Subjekte in der internationalen Politik sind nicht mehr, wie in der Staatenwelt, nur die Regierungen, sondern auch schon die Gesellschaften. Das ist die differentia specifica, die die moderne von der vormodernen Welt unterscheidet. Bedeutung und Einwirkung der Gesellschaften sind in den Weltregionen höchst unterschiedlich verteilt. Nirgendwo aber sind sie, wie früher, irrelevant.

Diese Entwicklung läßt sich mit der politischen Metapher der „Gesellschaftswelt“ wiedergeben. Der Begriff soll ausdrücken, daß die Welt noch keine Weltgesellschaft,[6] aber auch keine Staatenwelt mehr ist, daß sie nach wie vor eine staatlich geordnete Welt darstellt, in der aber das politische Gewicht der Gesellschaften wächst. In Osteuropa haben sie die kommunistischen Herrschaftssysteme gestürzt. In der ganzen Welt drängen die Gesellschaften auf Mitbestimmung an den herrschaftlich organisierten Entscheidungsprozessen. Dieser Prozeß ist im Begriff der Gesellschaftswelt eingefangen worden.[7]

2. *Ausbreitung der Menschenrechte und der Demokratie*

Die demokratischen Revolutionen in Osteuropa und die quasirevolutionäre Umformung der Sowjetunion in die Gemeinschaft Unabhängiger Staaten haben der ganzen Welt einen Demokratisierungsschub versetzt, der bis nach Afrika hinein spürbar geworden ist. Der Demokratisierungsprozeß hatte in der zweiten Hälfte der siebziger Jahre eingesetzt, sehr präzise registriert vom amerikanischen Präsidenten Carter und seinem Sicherheitsberater Brzezinski. Beide gingen davon aus, daß die Menschenrechte eine „geschichtliche Unabdingbarkeit“ darstellten, daß sie die „zentrale Form abgaben, in der die Menschheit ihr neues politisches Erwachen ausdrückt“.[8] Diese Analyse war absolut zutreffend. Präsident Carter verwandelte sie in eines der wirksamsten Instrumente seiner Außenpolitik.[9] Während 1965 die Menschenrechte größtenteils nur auf dem Papier gestanden hatten, wurden sie seit 1975 weltweit gefördert, wurden bestimmte Normen gesetzt. In Europas gelang es 1975 mit der Helsinki-Schlußakte bereits, diese Normen auch rechtlich durchzusetzen;

das war in Lateinamerika erst Mitte der achtziger Jahre und auch dann nicht durchgängig der Fall. In Afrika beginnt eine spürbare Bewegung erst in der Mitte der achtziger Jahre, die seitdem die deklaratorische Ebene verlassen und die der Verwirklichung zum Teil jedenfalls schon betreten hat. Lediglich im Nahen und Mittleren Osten sowie in Asien war bis zum Frühjahr 1993 nur wenig Bewegung zu erkennen.[10]

Zu Beginn der neunziger Jahre hat sich dieses Bild weiter deutlich verbessert. In der ersten Hälfte des Jahres 1990 fanden in der Sowjetunion in dreizehn der insgesamt fünfzehn Republiken Wahlen statt. Sie waren nicht so frei wie die im Westen, boten aber der wählenden Bevölkerung sehr wohl politische Alternativen. Sie starteten in der Sowjetunion ein Vielparteiensystem,[11] das deren Auflösung zu beschleunigen half. In der Russischen Föderation wurde mit Boris Jelzin im Juni 1991 erstmals ein Staatspräsident frei gewählt. In Ungarn, der Tschechoslowakei und Polen – etwas weniger stark ausgeprägt in Bulgarien und Rumänien – wurden ebenfalls im ersten Halbjahr 1990 Wahlen abgehalten, die zumindest in der Tschechoslowakei und in Ungarn, aber auch in Polen frei gewählte Regierungen an die Macht brachten.[12] Der Bund der Kommunisten Jugoslawiens gab im Januar 1990 seine Führungsrolle auf; der sich anschließende Zerfallsprozeß muß – der Wirren und Opfer ungeachtet – als elementarer Ausfluß von Selbst- und Mitbestimmungsforderungen gedeutet werden. Selbst Albaniens KP erlaubte im Dezember 1990 die Zulassung unabhängiger Parteien. Die DDR hatte mit der sanften Revolution vom Oktober/November 1989 eine nachkommunistische Demokratie bereits grundgelegt und sie in dem Beitritt zur Bundesrepublik besiegelt. Auf der Pariser Gipfelkonferenz der 34 KSZE-Staaten im November 1990 wurde beschlossen, die „Demokratie als die einzige Regierungsform unserer Nationen aufzubauen, zu festigen und zu stärken". In Europa dürfte der Prozeß der Demokratisierung damit unumkehrbar geworden, wenn auch noch lange nicht vollendet sein.

Die Revolutionen und Reformen, die im Einzugsbereich des früheren Warschauer Paktes in Richtung Demokratisierung stattgefunden haben, können in ihrer globalen Bedeutung für die Förderung der Menschenrechte und der Demokratisierung gar nicht überschätzt werden. Die kommunistischen Diktaturen waren nicht die einzigen in der bipolaren Welt, aber diejenigen, die über eine ausgefeilte ideologische Grundlage und darüber hinaus auch über beträchtliche militärische Macht verfügten. Ihre radikale Umgestaltung, ihr Einschwenken auf die Entwicklungslinien des Liberalismus und der Marktwirtschaft, waren ein Signal weltpolitischer Lautstärke. Es erreichte nicht nur diejenigen Staaten, die zuvor mit den Warschauer Pakt-Staaten ideologisch kooperiert hatten und nun von ihnen allein gelassen worden waren. Es erreichte auch solche Entwicklungsländer, die in der Existenz eines antiliberalen, antikapitalistischen und antimarktwirtschaftlichen Lagers die Berechtigung für die eigene Beibehaltung antidemokratischer Strukturen gesehen hatten.

Das gilt vor allem für Afrika. Von den 46 Staaten in Afrika jenseits der Sahara wurden bis zum Frühjahr 1990 nur vier als Vielparteiendemokratien angesehen, nämlich Botswana, Senegal, Gambia und Mauritius.[13] Zwar hatte es schon früher Demokratisierungstendenzen gegeben, etwa in Nigeria und Ghana.[14] Aber seit dem Frühjahr 1990 setzt eine regelrechte Demokratisierungswelle ein. Im Februar 1990 erhielt Namibia die „liberalste" Verfassung Afrikas. Ende April 1990 fand in Gabun eine Nationalversammlung zur Einführung des Mehrparteiensystems statt. Gleichzeitig stellte sogar Zaires Staatspräsident Mobutu die Aufhebung seiner Einparteienherrschaft in Aussicht. Im Dezember 1990 führte ein Staatsstreich im Tschad zur Perspektive eines Mehrparteiensystems. In Sambia legalisierte Präsident Kaunda die Oppositionsparteien in einem Verfassungszusatz. Die Elfenbeinküste, Kongo und Mosambik haben ein Mehrparteiensystem eingerichtet. In Somalia, Nigeria, Guinea-Bissau und Guinea-Conakry wurde es zumindest in Aussicht gestellt. In Togo und Kamerun mußten die autoritären Regime pluralistische Reformen akzeptieren. Im März 1991 übernahm der erste gewählte Präsident der Kapverdischen Inseln sein Amt, Anfang April der Präsident von Benin. Die Inselstaaten Sao Tomé und Principe hielten Wahlen ab. In der Elfenbeinkünste erzwang demokratischer Druck eine erhebliche Verjüngung der Regierung. Ende März 1991 wurde der langjährige Diktator Malis gestürzt. Sogar Burkina Faso schaffte im März 1991 den Marxismus-Leninismus als Staatsdoktrin ab und öffnete das Land der Marktwirtschaft und dem freien Unternehmertum.

Selbst in der Organisation der Afrikanischen Einheit (OAU), in der bislang über die Demokratisierung kein Wort verloren worden war, wurde seitdem darüber gesprochen.[15] In der Südafrikanischen Republik, deren Apartheid-Politik bis zum Amtsantritt von Ministerpräsident de Klerk die Menschenrechte der Schwarzen systematisch unterdrückte, ist längst ein Dialog zwischen den politischen Gruppen in Gang gekommen. Er richtet sich auf eine neue Verfassung, die den Menschenrechten ebenso Rechnung tragen soll wie den Interessen der einzelnen Rassen.[16] Im nordafrikanischen Algerien hat die Bevölkerung im Juni 1990 erstmals in ihrer politischen Geschichte überhaupt wählen dürfen.

Praktisch in einem Jahr stieg die Zahl der Staaten Schwarzafrikas, die sich auf die Demokratie zubewegten oder Tendenzen dahin deutlich erkennen ließen, von vier auf über zwanzig. Zahlen und Ereignisse sind natürlich mit großer Behutsamkeit aufzunehmen. Es gibt dreifachen Widerstand in Afrika gegen die Demokratisierung: Von den Staatschefs in Kenia, Sambia und Tansania, die sie als unafrikanisch ablehnen; von den Diktatoren wie Mobutu, die ihre Herrschaft nicht einbüßen wollen, und schließlich – das ist besonders wichtig – von der Unterentwicklung, die erst überwunden sein will, bevor eine Demokratisierung westlichen Stils möglich ist.

Dieser Prozeß wird, wie die europäische Erfahrung gezeigt hat, Dezennien in Anspruch nehmen. Aber er ist in Gang gekommen, stellt die Herrschenden, die politische Klasse, das Militär und die (vom Westen oftmals unterstützten) Autokraten und Diktatoren in Frage. Der Prozeß verläuft nicht selten revolutionär und gewaltsam, beispielsweise in Somalia, Liberia, Mali, Kenia, Sudan, Äthiopien, Eritrea, Zaire, Mosambik. Gelegentlich nahm er sogar anti-staatliche, gegen jegliche Herrschaft gerichtete Züge an. Auch wird der Prozeß der Emanzipation von subnationalstaatlichen Autoritäten genutzt, die mit seiner Hilfe an die Macht kommen wollen.[17]

An den Kosten des Demokratisierungsprozesses gibt es nichts zu beschönigen, ebenso nicht an seiner Langsamkeit und Umwegigkeit. Aber: Er ist in Gang gekommen.[18] Dieser analytische Befund ist politisch von großer Bedeutung, gerade für die Europäer und die Europäische Gemeinschaft, deren Afrikapolitik den gesellschaftlichen und wirtschaftlichen Fortschritt nur zu gern den staatlichen Machthabern überließ und auf diese Weise verhinderte.[19] Europa muß begreifen, daß durch das Ende des Ost-West-Konflikts, der ein Herrschaftskonflikt war, Herrschaft insgesamt geschwächt und dem Anspruch der Gesellschaften auf mehr Mitsprache, mehr Demokratisierung eben, ausgesetzt worden ist.

In den meisten arabischen Staaten sind Wahlen noch tabu, regiert charismatische, feudale, religiöse oder ideologische Herrschaft mehr oder weniger absolut. Jordanien bildete eine Ausnahme, weil es im November 1989 erstmals nach 22 Jahren wieder wählen ließ, ebenso Algerien 1987.

Der Golfkrieg hat die Erwartungen der Bevölkerung, gleichzeitig aber auch die Hand der Regierungen gestärkt. Der Emir von Kuwait widersetzte sich erfolgreich amerikanischem Druck auf demokratische Reformen. In Saudi-Arabien und den Scheichtümern am Golf ist davon überhaupt nicht die Rede, in Syrien sowieso nicht. Die Gelegenheit, den Irak zu Reformen zu zwingen, verstrich ungenutzt.

Der Abneigung der nahöstlichen politischen Systeme gegen eine gesteigerte Demokratisierung korrespondiert in den gesellschaftlichen Umfeldern die – allerdings keineswegs parallel laufende – Zunahme des islamischen Fundamentalismus. Er breitet sich, nicht zuletzt infolge des Golfkrieges, rasch über die ganze Levante bis nach Nordafrika aus. Algerien mußte 1992 das Ergebnis seiner Wahlen mit einem Staatsstreich unwirksam machen, weil es den Fundamentalismus an die Macht gebracht haben würde. Der Islam ist keineswegs anti-demokratisch. Er wendet sich aber gegen die westlich-säkulare Form der Demokratie, weil von ihr die Muslime bisher nur negativ betroffen worden sind.

In Asien hat die Demokratisierung ebenfalls nur geringe Fortschritte zu verzeichnen, sieht man einmal vom Sonderfall Japan ab. Lediglich Indien hatte immer schon eine asiatische Version der Mehrparteiendemokratie geboten und sich damit positiv abgesetzt von der Volksrepublik China, die die autoritäre Parteidiktatur des Kommunismus sehr lange unumschränkt beibehalten und auch nach dem 14. Parteitag der KPCh keineswegs gänzlich aufgegeben hat. Immerhin wandelte sich das Königreich Nepal 1990 in eine konstitutionelle Monarchie, fanden in der Mongolei im Juli des gleichen Jahres erstmals freie Wahlen statt. Den Philippinen gelang es mit Hilfe der katholischen Kirche und später auch der der USA, den Diktator Marcos abzuschütteln. Präsidentin Aquino hat in ihrer Amtszeit weder die Landverteilung noch das politische System reformiert. Abzuwarten bleibt auch, ob die „Vier Tiger", Hongkong, Singapur, Taiwan und Südkorea, es weiterhin schaffen werden, ein leistungsfähiges, modernisiertes Wirtschaftssystem mit strikt nicht-demokratischen Herrschaftssystemen zu kombinieren. Jedenfalls haben sie ein provokantes Beispiel dafür geliefert, daß unter autoritärer Herrschaft sehr wohl eine moderne florierende Wirtschaft möglich ist – allerdings unter der Voraussetzung, daß die Verteilung der erzeugten Werte konsensfähig ist. Demonstrationen zugunsten der Menschenrechte und der Demokratie sind wenigstens in Südkorea und auf Taiwan inzwischen an der Tagesordnung. In Südkorea fanden im März 1991 erstmals seit dreißig Jahren wieder Kommunalwahlen statt, wurde am 25. Februar 1993 mit Kim Yung San erstmals wieder ein Zivilist in das Amt des Staatspräsidenten gewählt.

In Indochina ist von Demokratisierung kaum etwas zu spüren. In Vietnam ohnehin nicht, und in Thailand wurde das Regime Chatichai im März 1991 vom Militär gestürzt, das allerdings im Mai 1992 einem Volksaufstand zum Opfer fiel. In Burma hielt sich trotz aller westlichen Proteste die Diktatur der Militärs. In Indonesien verstärkten sich zu Beginn der neunziger Jahre die gesellschaftlichen Anforderungen nach mehr Demokratie; sie wurden aber durch die Wiederwahl Suhartos, 1993, in ihren Erwartungen zurückgeworfen. Singapur kompensiert, wie erwähnt, seine autoritäre Verfassung mit wirtschaftlichem Reichtum; Malaysia versucht, den gleichen Weg zu gehen. In den ASEAN-Staaten war die Demokratie nie sehr lebendig, wenn sich auch demokratische Tendenzen in Indonesien verstärkt haben.

In Lateinamerika hatte Costa Rica schon 1949 den Weg in die Demokratie eingeschlagen, 1989 folgte ihm, als jüngstes Beispiel, Nicaragua. Brasilien und Argentinien, Uruguay und Peru sind nach langen und negativen Erfahrungen mit Militärdiktaturen wieder auf dem Wege in die Demokratisierung. Chile hat ihn nach dem Sturz Pinochets ebenfalls betreten. In El Salvador fanden zwar im März 1991 „technisch saubere" Parlaments- und Kommunalwahlen statt; sie haben aber die Herrschaft der rechtskonservativen Arenapartei nicht gebrochen. Von den 16 karibischen Staaten muß nur noch Kuba als undemokratisch gelten; die anderen 14, zu denen nach den Wahlen vom Dezember 1990 auch Haiti getreten war, weisen einen – wenn auch stark variierenden und instabilen – demokratischen Standard auf.

Die Übersicht ist nicht vollständig; sie kann auch nicht aktuell sein, weil sich gerade in der Dritten Welt die Herrschaftssysteme in einem Wandel befinden, der sich nicht nur auf die Demokratisierung zu-, sondern auch wieder von ihr wegbewegt. Es geht nicht um eine Beschreibung von Gegenwartsprozessen, sondern um die Analyse ihrer Struktur. Entscheidend ist, daß der Prozeß der Verwirklichung der Menschenrechte und der Demokratie weltweit in Gang gekommen und beschleunigt worden ist. Über die Welt schwappt eine Welle der Demokratisierung, die vielleicht nicht zur „globalen Revolution"[20] aufläuft, wohl aber zu einer weltweiten Zunahme der politischen Relevanz der Gesellschaft führt.

Die Konsequenzen dieser Veränderung für die Weltpolitik der neunziger Jahre (und auch für die Theorie darüber) können nicht hoch genug veranschlagt werden. Ihre politischen Auswirkungen sind unvorhersehbar. Der direkte Einfluß der Gesellschaften auf die Außenpolitik schlägt nicht immer und nicht sogleich zugunsten des Gewaltverzichts aus. In Osteuropa wird eine Welle nationaler und ethnischer Identifikationen das Zusammenleben der Völker nicht erleichtern, wenn auch die friedliche Scheidung zwischen Tschechen und Slowaken 1993 ermutigend wirkte. Der Zerfall Jugoslawiens wiederum stärkt den Pessimismus und könnte zu einem bösen Omen werden für die Entwicklung in Rußland und den anderen Staaten der früheren Sowjetunion, falls es nicht gelingen sollte, ein Mindestmaß an politischer Ordnung und wirtschaftlicher Wohlfahrt aufrechtzuerhalten. Wenn sich in Afrika die Interessen der Gesellschaft stärker durchsetzen, werden die Staaten, die von den früheren Kolonialmächten in einer durchweg künstlichen Figur zurückgelassen worden sind, sich nicht halten können. Das Ausscheiden Eritreas aus Äthiopien stellte 1993 die bis dahin als unverletzlich geltenden Grenzen Afrikas erstmals in Frage. Schon jetzt erschwert die für Afrika charakteristische Verbindung von innergesellschaftlichen und zwischenstaatlichen Konflikten deren friedliche Bearbeitung außerordentlich.

Die europäische Erfahrung lehrt, daß die herrschenden Eliten nur in Ausnahmefällen ihre Macht freiwillig geteilt haben mit neuen aufkommenden Gesellschaftsschichten. Das ist in der Dritten Welt nicht anders und läßt erwarten, daß der Prozeß der Demokratisierung nicht gradlinig verlaufen, sondern viele Kehrtwenden aufweisen und mit sehr viel Gewalt verbunden sein wird.

Die sich ausbildende Gesellschaftswelt wird also auf lange Zeit keine bessere, keine friedlichere Welt sein. Sie wird – und darauf kommt es hier an – eine andere Welt sein, als es die Staatenwelt war, in der nur die Regierungen eine Rolle spielten.

In der Gesellschaftswelt treten – das ist ihr weiteres Charakteristikum – Akteure auf, die aus den Staaten heraus entweder gegen sie oder ohne sie operieren. Die großen Wirtschaftskonzerne haben sich längst aus der Herrschaft der Nationalstaaten emanzipiert. In Osteuropa, vor allem in Polen, aber auch in Lateinamerika, hat sich die katholische Kirche als potenter Akteur im Prozeß der gesellschaftlichen und politischen Transformation erwiesen. Im Nahen und Mittleren Osten entscheiden islamische Denominationen über Staatenverbindungen und politische Koalitionen mit Widerstandsbewegungen, unterlaufen Staatsgrenzen. Das zeigt besonders die PLO, die nicht eine palästinensische

Exilregierung im klassischen Stil, sondern eine gesellschaftliche Kraft darstellt, die das politische Bewußtsein der Araber beeinflußt und prägt. Als extreme Version solcher Kräfte ist der politische Terrorismus zu bezeichnen, der sich zwar zum Ausgang der achtziger Jahre etwas abgeschwächt hat, jederzeit aber wieder auftreten kann. Die westliche Furcht vor Racheakten irakischer Terroristen war nach der Zuspitzung der Golfkrise so groß, daß der Flugverkehr in den Nahen und Mittleren Osten ganz eingestellt wurde und weltweit um mehr als 30 % zurückging. Der internationale Tourismus erlitt Langzeitschäden. Genannt werden muß auch der internationale Drogenhandel, der die Jugend der Industriestaaten gefährdet. Gesellschaftliche Gruppen verfügen heute über Fähigkeiten, die in der Staatenwelt – und dem dazugehörigen Völkerrecht – nur dem Souverän zugestanden wurden.

Daß im internationalen System immer mehr gesellschaftliche Akteure auftreten, ist jedoch nicht so entscheidend wie die Emanzipation der Gesellschaften gegenüber ihren politischen Systemen. Dieser Prozeß der Demokratisierung, der eindeutig in Gang gekommen ist, wird langfristig die Struktur der internationalen Beziehungen ändern und damit auch die organisierte Gewaltanwendung, den Krieg beeinflussen. Deswegen muß dieser Vorgang besonders erklärt und ausführlich besprochen werden.

Die Ursachen

Der Prozeß der gesellschaftlichen Emanzipation verläuft in jedem Land historisch einmalig, hat aber in allen Ländern zwei Ursachen: die Verbesserung der Kommunikation und den Anstieg der Bildung. Beide treiben die politische Modernisierung voran. Die Kommunikation informiert über die Möglichkeiten weiterer Existenzentfaltung; die Bildung setzt den Empfänger instand, solche Informationen aufzunehmen und für seine politische Praxis zu verwenden.

Obwohl der Entwicklungsstand der Dritten Welt in den achtziger Jahren relativ zu dem der industrialisierten Staaten des Westens zurückgegangen ist, hat er sich, absolut gesehen, erhöht.

Davon profitiert auch die Bildung. Zwar wurde in vielen Entwicklungsländern für diesen Bereich weniger ausgegeben als für die Rüstung, doch stiegen auch die Bildungsausgaben. Dadurch verbesserte sich die Aufnahmefähigkeit für Informationen aus der Welt der westlichen Industriestaaten. Sie werden – und wurden – über das Radio, die Zeitungen und das Fernsehen verbreitet. So kritisch ihr Einfluß unter kultursoziologischen Gesichtspunkten zweifellos gesehen werden muß, so positiv muß er im Bereich der herrschaftlichen Partizipation bewertet werden. Der Weltmedienmarkt gehört zum überwiegenden Anteil den westlichen Industriestaaten und in ihnen wiederum einer kleinen Anzahl Transnationaler Korporationen, die zum größten Teil in den Vereinigten Staaten angesiedelt sind. Die Sendungen sind im Unterhaltungsbereich oftmals flach und trivial, im Nachrichtenbereich auf das Aufmerksamkeitsspektrum eines durchschnittlichen Mitteleuropäers ausgerichtet. Berühmt geworden ist der Hinweis, daß ein indischer Zeitungsleser mehr über das Privatleben im britischen Königshaus erfuhr als über die Vorgänge in seinem Land und in der Region Vorderasien.

Für den globalen Demokratisierungsprozeß ist entscheidend, daß jede Darstellung westlicher Politik entweder explizit oder implizit das Bild eines liberalen Herrschaftssystems in die Dritte Welt transferierte. Damit wurden politische Entfaltungsmöglichkeiten dem Empfänger nahegebracht, die er auf die Verwirklichung in seinem eigenen Land hin untersuchen konnte. Das Radio dürfte hierbei eine sehr viel größere Rolle gespielt haben – und spielen – als das teure, schwere und keine weiteren Betätigungen zulassende Fernsehgerät. Zwischen 1950 und 1975 vermehrte sich die Anzahl der Radioempfänger weltweit um fast 420 %.[21] In den achtziger Jahren hat die Verbreitung des Radioempfängers infolge seiner weiteren Verbilligung und Verbesserung noch zugenommen. Das Radio verbreitet Informationen über westliche Demokratiepraxis in die Dritte Welt.

Die Stärke ihrer Einwirkung kann gar nicht überschätzt werden. 1975 hat eine UNESCO-Studie festgestellt, daß der Einfluß, den die Medien auf das menschliche Bewußtsein haben, nur noch durch die direkte elektronische Reizung des Gehirns übertroffen werden könnte.[22] Dementsprechend haben die beiden Supermächte während der Periode des Ost-West-Konflikts vor allem Radiosendungen eingesetzt, um die Bevölkerung des Gegners gegen seine Regierung einzunehmen. Die Sowjetunion hatte dabei so gut wie keinen, die Vereinigten Staaten hingegen hatten einen außerordentlich großen Erfolg. Ihre Radiosendungen erfüllten im Bereich des Warschauer Paktes „die Funktion einer freien Presse".[23] Die „Stimme Amerikas", Radio Liberty und Radio Free Europe stellten alternative Informationen zur Verfügung und erlaubten der Bevölkerung, darauf die Kritik an den Entscheidungen und Verlautbarungen der kommunistischen Regime zu stützen. Welchen Einfluß der Empfang westdeutscher Fernsehstationen in der DDR auf das politische Verhalten der Bevölkerung bis hin zu ihrer Revolution im Herbst 1989 gehabt hat, läßt sich nur ahnen.

Die politischen Systeme der Entwicklungsländer haben diesen, ihre Herrschaftsausübung unterminierenden Einfluß der vorwiegend westlich beherrschten Kommunikation sehr deutlich registriert. Gerade deswegen begannen sie in den siebziger Jahren nach einer neuen Weltinformationsordnung zu rufen. 1987 setzten sie auf der UNESCO-Konferenz in Paris eine Resolution durch, die die staatliche Regulierung der Presse in ihren Ländern de facto erlaubte.[24] Allerdings konnte diese Entschließung der berechtigten westlichen Kritik daran nicht standhalten. Noch weniger waren die interessierten Regierungen der Dritten Welt imstande, den Kommunikationsfluß zu unterbrechen oder seine Wirkungen abzufangen. Auf einer Telekommunikations-Konferenz im Februar 1989 beklagten sich die Regierungsvertreter von Malaysia, Indonesien und Taiwan über den Transfer „radikaler politischer Ideen" durch das Satellitenfernsehen.[25] Die indonesische Regierung verweigerte 1989 einer australischen Gesellschaft das Recht, ihre Fernsehprogramme via Satellit nach Indonesien zu übertragen. Obwohl – oder vielleicht gerade weil – es sich um Bildungsprogramme handelte, befürchtete die Regierung in Djakarta, daß der Einfluß politisch sein würde.

Der Einfluß westlicher Informationsmedien wird in den neunziger Jahren weiter zunehmen. Die Satellitentechnologie wird für die rasche und weitgehend preiswerte Verbreitung des Fernsehens sorgen; der Zusammenbruch des Kommunismus hat das alternative Gesellschaftsmodell obsolet und damit dessen Verbreitung hinfällig werden lassen. Den Diktaturen in der Dritten Welt fehlt damit auch die ideologische Stütze. Das saudi-arabische Herrscherhaus mußte mit den amerikanischen Truppen auch Satellitenfernsehantennen und den über sie zu empfangenden westlichen Einfluß ins Land lassen.

Die aus den westlichen Demokratien stammende Information über Möglichkeiten der herrschaftlichen Partizipation ist sicherlich nicht die einzige, zusammen mit der verbesserten Bildung aber doch die wichtigste Ursache für das sich ausbreitende Interesse an Demokratisierung und Teilnahme an der staatlichen Macht. Dabei ist interessant, daß dieses Interesse sich ausgerechnet in Schwarzafrika besonders artikuliert, dessen Lebensstandard niedrig ist. Im Nahen Osten hingegen, wo das Öl für erheblichen Reichtum sorgt, der auch die materialen Lebensbedingungen schon verändert hat, ist der Demokratisierungsdruck offenbar noch gering, läßt sich jedenfalls, wie die Beispiele der Scheichtümer am Golf, Saudi-Arabiens und Kuwaits beweisen, noch immer niederhalten. Daß dieser Zustand in den neunziger Jahren fortdauern wird, ist kaum anzunehmen.

Die Schwellenländer Lateinamerikas und Asiens werden die Erfahrung machen, die schon Gorbatschow zur Reform der Sowjetunion veranlaßt hatte, nämlich daß die Entwicklung der Wirtschaft die der Gesellschaft voraussetzt, die wiederum das Verlangen nach Partizipation an der Herrschaft nach sich ziehen wird. Sie muß nicht westlichem Vorbild folgen. Die Emanzipation der Gesellschaften belebt auch das Interesse an der eigenen Vergangenheit, an regionaler und lokaler Kultur. Die ‚Dritte Entkolonialisierung‘ koppelt die Entwicklungsländer kulturell vom Westen ab, auch ihre politische Kultur wird sich anders, autochthon, gestalten. Aber die Inhalte werden und bleiben gleich. Menschenrechte und politische Mitbestimmung sind universale Forderungen, deren regionale Verwirklichung nur der Form nach variieren wird.

3. Strategien der Gesellschaftswelt

Außenpolitische Ziele in der Gesellschaftswelt können nicht mehr die der Staatenwelt sein. Vielmehr müssen sie jener Situation angepaßt werden, in der die Staaten als Ordnungseinheiten noch bestehen, aber sich immer mehr als herrschaftlich geordnete Gesellschaften präsentieren. Je stärker die Gesellschaften die Herrschaft ihrer politischen Systeme durch Partizipation reduzieren, je mehr sie den territorialen Rahmen des Staates porös werden lassen, desto größer sind die Veränderungen, denen sich die außenpolitische Strategie unterwerfen muß.

Im OECD-Bereich, besonders dann in der Atlantischen Gemeinschaft und speziell im Einzugsbereich der Europäischen Gemeinschaft und der EFTA, sind beide Prozesse, die Emanzipation der Gesellschaften gegenüber ihren politischen Systemen und die zunehmende Auflösung territorialer Abgrenzungen, schon weit vorangekommen. Hier existiert die Gesellschaftswelt bereits. Die EG wird, wenn sie nach der Vollendung des Binnenmarktes die Wirtschafts- und Währungsunion sowie die politische Union ausgebildet haben wird, das Stadium der Gesellschaftswelt hinter sich gelassen haben. Hier entstehen eine Regionalgesellschaft und ein Regionalstaat, die die zwischenstaatliche Situation umgewandelt haben in eine fast schon innerstaatliche, innenpolitische Struktur.

Auf die Gesellschaftswelt, in der den gesellschaftlichen Anforderungen zunehmend größere Bedeutung und Durchsetzungsfähigkeit gegenüber den politischen Systemen zuwächst, müssen sich Politik und Diplomatie in den neunziger Jahren erst einstellen. Bis jetzt haben sie weitgehend die Verfahren beibehalten, die in der monarchisch-feudalen Epoche der Staatenwelt entwickelt worden waren. Sie konzentrierten die Interaktionen auf die politischen Systeme, gelegentlich wurden die Repräsentanten der Wirtschaft miteinbezogen. Als Machtmittel gilt – nach dem Ende des Ost-West-Konflikts in erstaunlicher Frische – die militärische Gewalt. Auf die Emanzipation der Gesellschaften reagierten Diplomatie und Politik maximal mit der Entsendung eines Sozialattachés.

Die Folgen zeigten sich exemplarisch. Die Vereinigten Staaten hatten im Iran der siebziger Jahre ihre Beziehungen auf den Kaiser und seine Regierung ausgerichtet, die persische Gesellschaft und den Klerus vernachlässigt. Dadurch verfehlten sie die gesellschaftliche Realität im Iran, die ihnen durch den Sturz des Schahs und nach ihm so brutal entgegentrat. Die Erfahrungen in Vietnam waren ähnlich verlaufen. Auch dort hatten die USA vornehmlich mit der südvietnamesischen Regierung, zunächst dem Kaiser Bao Dai, sodann mit Ministerpräsident Diem, kooperiert. Sie hatten sich damit – was ihnen erst viele Jahre später bewußt wurde – in dem von ihnen niemals wahrgenommenen südvietnamesischen Bürgerkrieg auf die Seite der Regierung und gegen die der Gesellschaft gestellt. Daran, und nicht etwa an einem ungenügenden Militäreinsatz, ist ihre Intervention in Vietnam letztlich gescheitert.

Lehren daraus hatten sie bis zum Beginn der neunziger Jahre nicht gezogen. Die Reagan-Doktrin setzte auf die Strategie des „low intensity conflict", die mit den anti-kommunistischen Regierungen zusammenarbeitete, um den Einfluß der Sowjetunion aus der Dritten Welt zu vertreiben. Sie übersah dabei, daß der kommunistische Einfluß in den meisten Fällen nicht die Ursache, sondern die Folge politischer Mißstände war.[26] Reagans Vorgänger Carter und vor allem dessen Außenminister Cyrus Vance hatten das zumindest gewußt.

Die Politik der Bush-Administration am Persischen Golf war ebenfalls noch den Prozeßmustern der Staatenwelt verhaftet. Sie unterschätzte auch dort die Rolle der Gesellschaften, übersah, daß die Beförderung von Demokratie und Legitimität im Verhältnis zwischen den politischen Systemen und ihren Gesellschaften die einzige solide Grundlage für den Gewaltverzicht in dieser Region darstellt. Die Westeuropäer haben in dem Krieg zwischen dem Iran und dem Irak beide Seiten mit Waffen beliefert – den Irak stärker als den Iran –, während die Vereinigten Staaten mit keinem der beiden Kombattanten Waffenlieferungsverträge abgeschlossen hatten.[27] Die Vereinigten Staaten haben aber auch den Irak unterstützt, nicht zuletzt durch den Flottenaufmarsch im Persischen Golf, weil sie den Iran wegen der Revolution gegen den Schah und wegen des Terrorregimes des Ajatollah bestraft sehen wollten. Dabei übersahen sie das Terrorregime im Irak. Als es sich nach dem Ende des Krieges mit dem Iran im Überfall auf Kuwait so unmaskiert zeigte, entschlossen sich die USA zur politischen Unterstützung Syriens, das sie bisher wegen der Diktatur Assads und der Verwicklung des Landes in den Terrorismus kritisiert hatten. 1993 erschien ihnen der Iran in einem sehr viel ungünstigeren Licht.

Die hinter dieser Strategie stehende Rationalität, daß „der Feind meines Feindes mein Freund ist", gehört eindeutig in die Kabinettdiplomatie der europäischen Neuzeit, in die Staatenwelt. In der Gesellschaftswelt der Gegenwart muß diese vormoderne Gleichgewichtspolitik ersetzt werden durch eine moderne Demokratisierungsstrategie, die die gewachsene – und wachsende – Bedeutung der Gesellschaften reflektiert.

Der Westen kann nur mit demokratischen – oder doch tendenziell demokratischen – Herrschaftssystemen kooperieren, und zwar aus zwei Gründen. In der Vergangenheit des Ost-West-Konflikts war es widersprüchlich, die Auseinandersetzung mit dem kommunistisch diktatorialen Herrschaftssystem durch die Zusammenarbeit mit rechtsautoritären Regimen zu belasten.[28] In der sich ausbildenden und sich verstärkenden Gesellschaftswelt ist es dysfunktional, mit Herrschaftssystemen zu kooperieren, die nicht über den Konsens ihrer Gesellschaften verfügen, also nicht legitim sind. Schon der stellvertretende amerikanische Außenminister unter Johnson und Nixon, George Ball, hatte aus dem Vietnamkrieg die Konsequenz gezogen, daß sich die Vereinigten Staaten – übrigens getreu ihrer Tradition – niemals mit einem System verbünden sollten, das nicht über die Unterstützung seines Volkes verfügte. Für Ball war die Verstrickung Amerikas in den Vietnamkrieg der „vielleicht tragischste Irrtum in der amerikanischen Geschichte".[29]

Am Beispiel ihrer Nicaragua-Politik konnten die Vereinigten Staaten erneut lernen, daß nicht die Unterstützung der Contras, sondern die langfristige Förderung demokratischer politischer Entwicklungen die kritische Alternative zwischen ihrem Truppeneinsatz und der Hinnahme eines ihnen feindlich gesonnenen Regimes vermeiden half.[30]

Als sie den Irak in seinem Krieg gegen den Iran unterstützten, schwächten sie zwar die Macht der Ajatollahs, stärkten aber gleichzeitig die des Diktators Hussein, gegen den sie 1991 ihre eigenen Soldaten einsetzen mußten.

Die herrschaftliche Instabilität Saudi-Arabiens und der Scheichtümer am Golf wird entweder ein neues Iran oder ein neues Kuwait heraufführen. Es läßt sich nicht mit Waffengewalt oder Aufrüstung der autokratischen Regime vermeiden, sondern nur durch die Einwirkung auf deren Demokratisierung.

Die der Gesellschaftswelt angemessene Strategie der Demokratisierung hat nichts zu tun mit dem naiven Missionskonzept von Woodrow Wilson. Es geht nicht um die Ausbreitung des westlichen Herrschaftssystems, nicht um die Demokratisierung im Wege des Kaufs, der Korrumpierung oder verdeckter Aktionen. Unter Präsident Reagan hatte die CIA solche Methoden in ihrem „Project Democracy" erfolglos einzusetzen versucht.[31] Während der Reagan-Administration wurde aber vom Kongreß und den großen gesellschaftlichen Gruppen der Vereinigten Staaten auch das National Endowment for Democracy (NED) ins Leben gerufen.[32] Den parteinahen Stiftungen der Bundesrepublik nachgebildet, versucht das NED seit 1983 durch Hilfe und Rat die demokratischen Kräfte in der Gesellschaftswelt zu stärken.

Das ist eine richtige und moderne Strategie. Sie fördert Sicherheit in der Gesellschaftswelt, indem sie sie in der Demokratisierung der Herrschaftssysteme zu verankern sucht. Das ist die strategische Lehre, die die Beendigung des Ost-West-Konflikts vermittelt. Sie darf nicht am Interventionsverbot scheitern, das der Staatenwelt angehörte und dort zu Recht die Einmischung in die inneren Angelegenheiten eines Souveräns diskriminierte. Mit dieser klassischen Intervention haben moderne Demokratisierungsstrategien überhaupt nichts gemein.[33] Sie zielen vielmehr darauf ab, in der tagtäglich stattfindenden Interaktion den Gesellschaften dabei zu helfen, ihre Rechte und Anforderungen gegenüber den jeweiligen politischen Systemen durchzusetzen. Dazu gehört zunächst die Bewachung und Förderung der politischen Menschen- und Bürgerrechte, sei es durch deren Kontrolle in den sogenannten Helsinki-Komitees, sei es durch die Verknüpfung ihrer Verwirklichung mit der Gewährung von Auslandshilfe.[34] Bedeutsamer und wirksamer dürfte die Intensivierung der gesellschaftlichen Interaktionen sein. Wenn eine demokratische Herrschaftsordnung eine aktive, aus zahlreichen selbständigen Gruppen und deren Interaktion bestehende Gesellschaft voraussetzt, dann können Kontakte und Impulse aus der internationalen Umwelt zu dieser Pluralisierung erheblich beitragen.[35]

Diese Forderung deutet auf ein neues Verständnis von Außenpolitik hin. Den zwischenstaatlichen Beziehungen, die von den politischen Systemen unterhalten werden, müssen die zwischengesellschaftlichen Beziehungen hinzugefügt werden, die die Gesellschaften selbst tragen. Dadurch erweitert sich das Bezugsobjekt von Außenpolitik. War es in der Staatenwelt jeweils nur die eigene territorial definierte Einheit, so tritt in der Gesellschaftswelt die internationale Umwelt als Bezugsobjekt der Außenpolitik hinzu. Außenpolitik wird nicht mehr nur an dem Erfolg für die jeweils eigene Gesellschaft, sondern auch an den Konsequenzen für die Gesellschaften in der internationalen Umwelt bemessen werden.[36] Außenpolitik wird deswegen nicht zur „Weltinnenpolitik". Der Begriff ist einprägsam, bedient sich aber einer falschen Parallele. Die Staaten existieren noch, sie werden lediglich relativiert durch die Interdependenz und durch die transnationale Kooperation gesellschaftlicher Akteure, die die Abhängigkeit der eigenen Gesellschaft von der Kooperation der internationalen Umwelt ausdrückt. Die Interessen dieser Umwelt müssen mitbedacht werden bei der Formulierung und Implementierung der eigenen Ziele, weil es keine Wohlstandsinseln in einem Meer von Armut geben kann (Helmut Schmidt). Im Begriff der „internationalisierenden Politik"[37] sind die Anforderungen an die Strategien der Gesellschaftswelt deutlich ablesbar: Die politischen Systeme und die gesellschaftlichen Akteure müssen die Erzeugung und die Verteilung von Werten in der internationalen Umwelt so vornehmen, daß sich in den davon berührten Gesellschaften die Wertverteilung und der Verteilungsvorgang verbessern, also Wohlstand und Demokratie gestärkt werden.

Diese Forderung an die Strategie gilt in beiden Richtungen, muß in der internationalen Umwelt wie im eigenen gesellschaftlichen Umfeld berücksichtigt werden. Die ärmeren Regionen in der EG und die osteuropäischen Länder beklagen zu Recht ihre Vernachlässigung durch die reichen. Die inneramerikanische Kritik an der Golfpolitik der USA beklagt, daß Washington sich um Freiheit und Wohlstand in Kuwait, nicht aber um die Lage der ärmeren Bevölkerungsschichten in den Vereinigten Staaten kümmere. Bill Clinton wurde 1992 zum Präsidenten mit dem Auftrag gewählt, diese Aufmerksamkeitsverteilung zu ändern.

Strategien der Gewaltprävention und Konfliktverhütung, der Demokratisierung und der gewaltfreien Intervention können nicht mit dem groben Keil des Militärs ausgeführt, sondern müssen der „sanften Macht" (soft power[38]) anheimgegeben werden. Wenn nach den Niederlagen der Amerikaner in Vietnam und der Sowjets in Afghanistan, nach dem seinem Herrschaftssystem anzulastenden Zusammenbruch des Sowjetimperiums, im Westen erneut davon geschwärmt wird, das Militär weltweit einzusetzen, dann müssen Lernpathologien vorliegen oder böse Absichten. Es ist vorstellbar, daß den Europäern in Jugoslawien nichts anderes mehr übrigbleibt, als die militärische Gewalt dort mit militärischer Gewalt stillzustellen. Es ist undenkbar, daß daraus und aus allen anderen Fällen noch immer keine Konsequenzen gezogen werden: keine personellen für Politiker und Diplomaten, die spätestens seit Titos Tod den Konflikt hätten kommen sehen müssen; keine konzeptuellen für die endgültige Einmottung jener sich selbst so nennenden „Realpolitik", die die Gefahren, auf die sie reagieren zu müssen glaubt, selbst erzeugt hat. In dieser „Realismusfalle" droht die westliche Politik – und interessanterweise gerade die deutsche – nach dem Ende des Ost-West-Konflikts erneut zu versinken. Indem sich die Politik nur an den Staaten und ihren politischen Systemen orientiert, sich nicht um deren Legitimität, sondern nur um ihre außenpolitische Fungibilität kümmert, indem sie ihnen darüber hinaus – vorausgesetzt, sie können sie bezahlen – alle erdenklichen Waffen liefert, schafft diese Politik eine Umwelt, die ihre eigene Gewaltpolitik zu bestätigen vermag. Daß sie diese Umwelt selbst geschaffen hat, verschweigt diese Politik sich und ihren Bürgern. Einen Innenminister, der sich ähnlich verhielte, nämlich die Verbrecherbanden hofierte und mit Waffen versorgte, die er ihnen dann mit seiner Polizei wieder abnehmen muß, hätte man längst in die Wüste geschickt. In der Außenpolitik sollten sich solche Strategien nicht länger als „Sicherheitspolitik" verkaufen lassen.

Diese Strategien waren schon in der Staatenwelt falsch, waren, was der Philosoph Imanuel Kant schon herausgefunden hatte, aus den Interessen der Könige und des Militärs, nicht aus denen der Bürger hervorgegangen. In der Gesellschaftswelt, in der die Bürger so viele Mitbestimmungsrechte besitzen, kann diese Strategie nicht mehr politikfähig sein. Wer nach Soldaten ruft, müßte vielmehr erst ausführlich begründen müssen, warum er deren Einsatz nicht durch den rechtzeitigen Einsatz der „sanften Gewalt" überflüssig gemacht hat.

Die Strategien der Gesellschaftswelt sind qualitativ anders als die der Staatenwelt. Sie sind auch komplexer, weil sie die – oben gestreiften – Erkenntnisse der modernen Politikwissenschaft über die komplexen Verursachungen von Gewalt im internationalen System berücksichtigen. Der „internationalisierenden Politik" geht es darum, die Entstehung von Gewalt frühzeitig zu verhindern, anstatt, verspätet, deren Anwendung zu bestrafen zu versuchen.

4. Themen der Gesellschaftswelt

Die „internationalisierende" Politik erfaßt alle Sachbereiche der Politik. Sicherheit nach außen war das klassische Thema der Staatenwelt – und der dazugehörigen Theorie des Neorealismus. Die Verbesserung der Entfaltungschancen des einzelnen wird zum klassischen Thema der Gesellschaftswelt – und zum Fokus einer liberalen Theorie der internationalen Politik. Natürlich will auch die Demokratie gegen Angriffe von außen geschützt werden; sie weiß aber – und besonders nach dem Ende des Ost-West-Konflikts –, daß Sicherheit nicht durch Verteidigung, sondern letztlich nur durch Demokratisierung der Umwelt erreicht werden kann. Damit entfällt der klassische topos des „Primats der Außenpolitik". Der politische Primat rückt auf die Existenzentfaltung des einzelnen. Innenpolitisch verlangt sie die Demokratisierung, wirtschaftspolitisch den materiellen Fortschritt, außenpolitisch die Herstellung eines Weltzustands, in dem die physische Existenz des Menschen nicht mehr durch Gewalt beschädigt und die materielle Bedingung für die Entfaltung dieser Existenz verbessert wird. Die erste Forderung ist leichter zu begründen als die zweite, über die im nächsten Kapitel zu reden sein wird.

Die Erhaltung der Existenz als Voraussetzung für ihre Entfaltung wird notwendig zum obersten Ziel in einer Welt, die nicht mehr von Untertanen, sondern von Bürgern besiedelt wird. Friede, verstanden als gewaltfreie Konfliktlösung, ist das wichtigste Thema der Gesellschaftswelt. Je mehr sie sich ausbildet, desto schwächer wird die Akzeptanz des Krieges, desto stärker die Kritik an einer Politik, die das Mittel der bewaffneten Gewalt einsetzt. Aus diesem Bewußtsein entsprangen die Friedensbewegungen, entspringt der Zweifel an der These vom gerechten Verteidigungskrieg, der letzten Bastion veralteten Denkens. Zur Diskussion steht nicht die sittliche Berechtigung der Verteidigung, sondern die strategische Inkompetenz (oder das politische Kalkül) der Akteure, die den Verteidigungsfall nicht verhindert haben. Präsident Bush wurde immer wieder gefragt, warum amerikanische Soldaten durch die Waffen sterben sollten, die westliche Staaten und Firmen an den Irak geliefert hatten. In der Gesellschaftswelt hat die Außenpolitik aufgehört, die letzte Domäne zu sein, in der die Staatsraison unbefragt und unkritisch ihre Opfer fordern kann.

Wird mit dem Frieden ein altes Thema neu definiert, so kommt mit der Ökologie[39] ein neues Thema zur Sprache; die internationale, teilweise globale Folge der nationalen Industriepolitik. Sie bedroht in ihrem jetzigen Zustand die physische Existenz des einzelnen. Verschmutzung der Atmosphäre und Klimaveränderung sind die beiden Handlungsfolgenzusammenhänge, die – neben und nach der Drohung mit dem Nuklearkrieg – globale Reichweite haben. Ressourcenverschwendung und Wasserverschmutzung sind demgegenüber noch immer regionale Phänomene. Das mindert keinesfalls ihre Bedeutung für die Sicherheit und den Wohlstand in der Gesellschaftswelt. Auch sie können nicht mehr national, sondern müssen international, regional bearbeitet werden. Insofern unterscheiden sie sich nur im Ausmaß des Aufwandes von der Klimaveränderung und der Luftverschmutzung. In diesen beiden Bereichen wird schon eine globale ökologische Zusammenarbeit erforderlich, während sie bei den Ressourcen und bei Wasser noch regional definiert werden kann.

Generell gilt, daß die Umwelt nicht mehr nur durch nationale Maßnahmen, sondern durch deren regionalen oder globalen Verbund verbessert werden kann. Wie die Sicherheit vor einem Nuklearangriff nur gemeinsam, nur durch die Kooperation der Antagonisten hergestellt werden konnte, so kann auch ökologische Sicherheit nur in regionaler oder globaler Zusammenarbeit bewirkt werden. Stärker noch als wirtschaftliche Interdependenz, als Verkehr und Kommunikation, von denen immer nur Teile der Gesellschaft erfaßt worden sind, entsteht in der Ökologie ein Bewußtsein regionaler und im Bereich Luft/Klima sogar globaler Abhängigkeit.

Ihre Bearbeitung in der „internationalisierenden Politik" läßt die Interaktionen sichtbar werden, durch die Gesellschaften regional oder global miteinander verknüpft sind. Die Vernetzung der Gesellschaftswelt durch gesellschaftliche Akteure tritt zutage; im Weltbild der Gesellschaftswelt erscheint die gesellschaftliche Umwelt nicht nur als Objekt, sondern als gleichberechtigtes, weil gleich verantwortliches Subjekt. Das daraus entstehende Bewußtsein, die „komplizierte reziproke Erwartbarkeit der Horizonte des Erwartens"[40] kann noch nicht, wie Niklas Luhmann vor zwanzig Jahren meinte, die Weltgesellschaft erschaffen; wohl aber prägt sie das Wissen der Gesellschaftswelt um ihre Einbindung in regionale und globale Bezüge. Luhmann hat darin auch ein „Vorherrschen kognitiver, adaptiver, lernbereiter Erwartungen" ausgemacht, demgegenüber normative Erwartungen, die Ethik des Imperialismus und des Expansionismus, zurücktreten. Diese These greift sicher weit der Zukunft voraus. Wenn aber in der Ökologiediskussion ernsthaft vorgeschlagen werden kann, den Entwicklungsländern die tropischen Regenwälder abzukaufen, um durch deren Erhaltung einerseits globale Klimainteressen, andererseits die Entwicklungsinteressen der besitzenden Entwickungsländer zu befrieden, dann zeigt sich ein Ausmaß von Pragmatik, das einem kognitiven Verhaltensstil schon sehr nahekommt.[41] Sie respektiert und toleriert die Vielfalt und Heterogenität der Gesellschaftswelt und versucht, für die Problemlösung einen gemeinsamen Nenner zu finden.

Auf dem Erdgipfel, der Konferenz der Vereinten Nationen über Umwelt und Entwicklung vom 3. bis 14. Juni 1992 in Rio de Janeiro, ist dieser Nenner zwar angestrebt, aber nicht gefunden worden. Die Klimakonvention scheiterte am Interesse der Industriestaaten, die sich weder untereinander auf eine Einschränkung der CO_2-Emissionen noch mit den Entwicklungsländern auf den zusätzlichen Finanz- und Technologietransfer einigen konnten. Die Waldkonvention wurde auf eine Sammlung guter Absichten verkürzt. Sie beherrschten auch die 27 Prinzipien und die sogenannte „Agenda Einundzwanzig", die das Umweltprogramm der Zukunft enthalten.[42]

Der Schutz der Umwelt hängt aber auch davon ab, daß das Bevölkerungswachstum zum Stillstand gebracht wird. Von 1950 auf 1990 nahm die Weltbevölkerung von 2,6 auf 5,5 Mrd. zu. Im Jahre 2000 werden es 6,5, im Jahre 2025 – das ist eine mittlere Projektion – schon 8,5 Mrd. Menschen sein. Die Bevölkerungszunahme führt schon heute gerade in den Entwicklungsländern zur schonungslosen Ausbeutung der landwirtschaftlichen Ressourcen, dann zu Bevölkerungswanderungen – wie der von Bangladesh nach Indien – und zum internationalen Konflikt über den Rohstoff Wasser etwa im Jordangebiet und in dem des Senegal-Beckens. Umweltschutz und Geburtenkontrolle hängen also eng zusammen. Sie bilden zwei der wichtigsten Konfliktursachen der Zukunft. Sie sind nicht neu; aber ihre Quantität verleiht ihnen eine neue Qualität.

Die Emanzipation der Gesellschaften aus der Kontrolle der politischen Systeme hat die Akteure im internationalen System um einen neuen und interessanten Typus bereichert: den des einzelnen bzw. den der Interessengruppe. Sie treten als Umweltverschmutzer, als Drogenhändler oder als Terroristen in Erscheinung. Sie unterscheiden sich von den Transnationalen Konzernen und von den nichtstaatlichen internationalen Organisationen dadurch, daß sie im internationalen System Straftaten begehen, für die es keinen Richter gibt. Das gilt vor allem für die Terroristen und die Drogenhändler, die meist von einem Staat aus in das internationale System hinein operieren. Die Vereinigten Staaten sahen sich 1991 genötigt, den als Drogenhändler tätigen Präsidenten von Panama, Noriega, mit Waffengewalt zu entführen und vor ein amerikanisches Gericht zu stellen. Sie forderten, zusammen mit Frankreich und England, von Libyen die Herausgabe der vermeintlichen Lockerbee-Attentäter.

Da Terroristen wie Drogenhändler im internationalen System Verbrechen gegen die Menschlichkeit begehen, könnten sie besser einem internationalen Strafgerichtshof zugeführt werden. Der Sicherheitsrat der Vereinten Nationen hat am 22. Februar 1993 beschlossen, einen solchen Gerichtshof für Kriegsverbrechen in Jugoslawien einzurichten.[43] Ihm könnten auch Umweltverbrechen zugeführt werden. Sie werden zwar in einem Land begangen, haben aber internationale Auswirkungen, die von den Richtern des Ursprungslandes – wenn sie überhaupt tätig werden – weder erfaßt noch geahndet werden können. Die Gesellschaftswelt braucht für Verbrechen, die im zwischenstaatlichen Raum von Individuen begangen werden, eine eigene Rechtsprechung. Deren Vollzug und die Gefangennahme der Verbrecher könnten, parallel zum Kapitel 7 der Charta der Vereinten Nationen, vom Sicherheitsrat einem bestimmten Staat aufgetragen werden.

Das Bewußtsein der Gesellschaftswelt auszubilden, das ihrer Befindlichkeit zwischen Staatenwelt und Weltgesellschaft entspricht, ist die Aufgabe der Medien. Als Lieferant von Informationen über demokratische Partizipationsformen wurden sie schon genannt. Darüber hinaus versorgen sie aber die Gesellschaften in aller Welt mit dem Wissen über diese Welt. Diese mediale Funktion könnte sicherlich verbessert werden. Zunächst aber hat sie das Informations- und Interpretationsmonopol der politischen Systeme abgelöst. Die Gesellschaften verfügen mit

Hilfe der Medien heute über gleiche, wenn nicht sogar genauere Informationsmöglichkeiten als die politischen Systeme.

Wie seinerzeit das Ende des Vietnamkrieges erzwang die amerikanische Gesellschaft im April 1991 die Hilfeleistung für die verfolgten Kurden und Schiiten, 1992/93 die humanitäre Intervention in Somalia. Die Journalisten sind die Diplomaten und Nachrichtendienste der Gesellschaftswelt; die zunehmende Verbreitung der gedruckten und gesendeten Medien drückt die Vergesellschaftung des Weltwissens aus, verbessert die Voraussetzungen für die politische Einflußnahme der Gesellschaften auf ihre politischen Systeme. Alle Themen der Gesellschaftswelt sind medial vermittelt. Darin liegt die Macht, die Verantwortung, aber auch die Gefahr des Mißbrauchs der Medien zu politischen Zwecken.

5. Repräsentation der Gesellschaftswelt

In der politischen Organisation des internationalen Systems hat die Gesellschaftswelt noch keinen Niederschlag gefunden. Sie tritt lediglich in den International Non-Governmental Organizations (INGOs) in Erscheinung, wird aber hier schon begrifflich auf eine nicht-politische Funktion festgelegt. Dabei indiziert die steigende Anzahl der INGOs die Ausbreitung und Vertiefung der Gesellschaftswelt. In den fünfziger Jahren gab es knapp 1000 solcher nichtstaatlicher Organisationen, 1976 waren es schon rund 2500, 1986 wurden schon 4649 – und bei etwas großzügiger Auslegung der Kriterien 21 529 – gezählt.[44]

Die Zusammensetzung der für die internationale Politik wichtigen zwischenstaatlichen Organisationen (Intergovernmental Organizations, IGOs) entspricht noch immer dem Zustand der Staatenwelt. Diese Organisationen werden von den politischen Systemen der Länder beschickt; Vertreter der Gesellschaften sind darin nicht zu finden. Daß für die schwierigen Probleme der internationalen Politik Experten und für die technischen Aspekte in den funktionalen Organisationen Fachleute herangezogen werden, ändert nichts an dem Befund. Die Vollversammlung der

Vereinten Nationen, das Parlament dieser Organisation, besteht aus Regierungsvertretern. Die Vereinten Nationen sind nach wie vor eine Botschafterkonferenz.

Auf regionaler Ebene verhält es sich nicht anders. Die Organisationen der Amerikanischen wie die der Afrikanischen Staaten werden nur von den politischen Systemen gebildet, das gleiche gilt für ASEAN. Die Liste ließe sich verlängern. Eine Ausnahme bilden anscheinend die regionalen Zusammenschlüsse in Westeuropa und in der Atlantischen Gemeinschaft. Von der NATO bis zur Europäischen Gemeinschaft weisen sie jeweils eine Parlamentarische Versammlung auf. Deren Mitglieder werden aber wiederum von den politischen Systemen ausgewählt und nur im Fall der Europäischen Gemeinschaft – und auch das erst seit 1979 – von den Gesellschaften der beteiligten Länder direkt gewählt. Die Kompetenzen des Europäischen Parlamentes sind aber, auch nach den Verbesserungen durch die Einheitliche Europäische Akte und selbst noch in den Plänen für die Europäische Politische Union, noch immer so gering, daß sie politisch kaum ins Gewicht fallen. Bezeichnend dafür ist, daß eine erste Interinstitutionelle Konferenz zwischen dem Europaparlament, der Kommission und dem Ministerrat erst im Mai 1990, mehr als dreißig Jahre nach den Römischen Verträgen, stattgefunden hat.[45]

In der globalen Kooperation der internationalen Wirtschaft sind naturgemäß die Vertreter der Wirtschaft und nicht die der Politik beteiligt. Dadurch entsteht eine eigentümliche Dichotomie, die die Mitwirkungsansprüche der Gesellschaft reduziert. Die politischen Systeme haben sich in ihrer internationalen Zusammenarbeit von der demokratischen Kontrolle gelöst. In der Bildung institutionalisierter Kooperationen und Regime haben sich die wirtschaftlichen Akteure ihrerseits aus der Aufsicht der politischen Systeme emanzipiert. Nationalstaatlicher Kontrolle entzogen, können sich die wirtschaftlichen Akteure in ihren Zusammenschlüssen im internationalen System ungehindert bewegen. Die Kompetenzen der internationalen Organisationen reichen zu ihrer Kontrolle nicht aus.

Um diesen mit der Entstehung der Gesellschaftswelt zusammenhängenden doppelten Entdemokratisierungsprozeß rückgängig zu machen, muß zunächst die Zusammenarbeit der Regierungen soweit verdichtet werden, daß sie die durch die Interdependenz geschaffenen Interaktionszusammenhänge wieder in den Griff bekommen können. Parallel dazu aber muß eine demokratische Kontrollinstanz für diese internationale Kooperation der Regierungen geschaffen werden.

Die Konsequenzen fallen regional unterschiedlich aus. Für die EG bedeuten sie, daß die Kompetenzen, die die nationalen Parlamente im Zuge der Integration verlieren, nicht an den Ministerrat, sondern an das Europaparlament gegeben werden müßten.[46]

Den internationalen Organisationen, die die Kooperation institutionalisieren, sollte eine Parlamentarische Versammlung beigegeben werden. Bei der KSZE ist sie im April 1991 eingerichtet worden. Eine solche Versammlung sollte auch den Vereinten Nationen angegliedert werden, ebenso den wichtigen funktionalen Organisationen wie Weltwährungsfonds und Weltbank. Letztlich müßte jede internationale Organisation eine parlamentarische Instanz besitzen. Auf diese Weise können die Gesellschaften im internationalen System wenigstens repräsentiert werden. Bei den Vereinten Nationen, wo eine parlamentarische Versammlung zu groß werden könnte, ließe sich der Gedanke wiederbeleben, die nationalen Delegationen jeweils zur Hälfte mit Parlamentariern zu besetzen. Mit solcher Repräsentanz können die Gesellschaften sicherstellen, daß ihre gesteigerte Relevanz, die die Gesellschaftswelt hervorgebracht hat, im Management der Interdependenz durch politische und wirtschaftliche Akteure wenigstens nicht verdunkelt wird.

Auch hier also gilt der Mittelwert. Die Welt nach dem Ende des Ost-West-Konflikts ist keine Weltgesellschaft, die eine Weltregierung, eine Exekutive und Weltparlament vertrüge oder erforderte. Sie ist aber auch keine Staatenwelt mehr, die sich durch die Zusammenarbeit der Exekutiven leiten ließe. Vielmehr muß in der Gesellschaftswelt diese Zusammenarbeit verdichtet und durch die der gesellschaftlichen Repräsentanten ergänzt werden. Form und Funktion dieser Ergänzung bestimmen sich nach dem regionalen Grad der Interdependenz und der von ihr bedingten Kooperation.

IV. Die Wirtschaftswelt

Das dritte Bild der Welt muß im Sachbereich Wirtschaft aufgenommen werden, dem – nach der Sicherheit – zweiten großen funktionalen Bereich der Politik. Seine Bedeutung nimmt generell zu, je mehr sich die Staatenwelt, in der die Sicherheit dominierte, zur Gesellschaftswelt wandelt, in der der Wohlstand als materielle Voraussetzung der Existenzentfaltung immer mehr in den Vordergrund rückt.

Dieser allgemeine Entwicklungsprozeß, der mit dem Begriff der „Wirtschaftswelt" wiedergegeben wird, ist durch das Ende des Ost-West-Konflikts erheblich beschleunigt worden. „Befreit von der Last des Ost-West-Konflikts", stellte der Münchener Wirtschaftsgipfel 1992 fest, wirken die „Kreativität, die Leistungsbereitschaft und das Engagement der Menschen als eigentliche Quellen des wirtschaftlichen und sozialen Fortschritts." Der politische Primat, der während des Konflikts auf dem Sachbereich der Sicherheit gelegen hatte, rückte auf den der wirtschaftlichen Wohlfahrt.[1] Der Begriff „geoeconomics" tauchte auf, um den bis in geopolitische Konsequenzen reichenden Vorrang der Wirtschaft zu bezeichnen.

Die Ökonomisierung der Weltpolitik hatte drei allgemeine und drei regional-spezifische Folgen. Zunächst ist der Sozialismus als alternative Wirtschaftsform praktisch verschwunden. China hat sich mit dem 14. Parteikongreß im Oktober 1992 einer mit dem Adjektiv „sozialistisch" nur noch mühsam verbrämten Marktwirtschaft geöffnet. Vietnam, die Mongolei und Kuba werden keine Alternative haben.

Zweitens: Nachdem die disziplinierende, das Ziel der Sicherheit dem der Wohlfahrt überordnende Wirkung des Ost-West-Konflikts entfallen ist, können sich die Verteilungskonflikte stärker bemerkbar machen. Drittens: In diesen Konflikten spielen gesellschaftliche Akteure und gesellschaftliche Anforderungen eine größere Rolle, die dem politischen System und seinen Akteuren eine Umorientierung abverlangt. In den westlichen Staaten streitet die bisher dominierende „Sicherheitsgesellschaft" gegen die nach der Friedensdividende rufende „Gleichheitsgesellschaft". Im internationalen System nimmt der Einfluß der Transnationalen Konzerne zu, weil sie sich den politischen Systemen nicht mehr aus Gründen der Sicherheitspolitik zu unterwerfen brauchen.

In den Wirtschaftsbeziehungen hinterläßt das Ende des Ost-West-Konflikts die Gefahr, daß die Konkurrenz entfesselt wird und der Protektionismus zunimmt. In den früher dem Rat für Gegenseitige Wirtschaftshilfe zuzurechnenden, jetzt dem Kapitalismus zuneigenden Staaten Osteuropas (und der GUS) steigen die Erwartungen rascher Entwicklung, deren Enttäuschung politische Folgen nach sich ziehen kann. Die Dritte Welt differenziert sich weiter aus, weil die während des Ost-West-Konflikts vergebene Auslandshilfe ausbleibt, wovon die am wenigsten entwickelten Staaten am meisten betroffen werden.

1. Die Machtfigur

Im Sachbereich der Wirtschaft sieht die Machtfigur der westlichen Welt ganz anders aus als im Sachbereich der Sicherheit. Während sicherheitspolitisch die USA und die Beziehungen dominieren, die die USA mit den NATO-Verbündeten und ihren anderen Alliierten unterhalten, herrscht im Sachbereich Wirtschaft die Triade: Japan, USA, EG. Japans Bruttosozialprodukt pro Kopf belief sich 1989 auf 23100, das der Vereinigten Staaten auf knapp 20000, das in der Europäischen Gemeinschaft auf rund 15000 USD.[2] Interessant ist der Befund vor allem für die Vereinigten Staaten. Sie waren bis in die achtziger Jahre hinein die wirtschaftlich und militärisch stärkste Supermacht der Welt gewesen, führend auf den beiden Sachbereichen Sicherheit und wirtschaftliche Wohlfahrt. Seit dem Aufrüstungs- und Steuersenkungsprogramm der Reagan-Administration, die zudem die Pflege der Industrie- wie der Bildungspolitik vernachlässigte, haben die USA die wirtschaftliche Führungsrolle, jedenfalls die finanzielle, an Japan abgegeben. Von den zehn größten Banken der Welt waren 1986 sieben in japanischer Hand, darunter die größten fünf. In dieser Zehnergruppe war nur noch eine einzige amerikanische Bank zu finden: Citicorp auf Platz 6.

Die Europäische Gemeinschaft bestritt 1988 39 % des Welthandels, die USA nur noch 14 %. Zieht man den innereuropäischen Handel ab, betrachtet also die EG bereits als einen Binnenmarkt, dann liegt sie mit einem Anteil von 14 % am Welthandel gleichauf mit den USA. Deren relative Position hat sich vor allem gegenüber den asiatischen Handelspartnern drastisch verändert. Japan und sieben asiatische Schwellenländer haben ihren Anteil am Weltprodukt von 10 %, 1965, auf 21 %, 1987, gesteigert. Was noch wichtiger ist: Der amerikanische Anteil fiel von 42 % auf 31 %.[3]

In der Wirtschaftswelt der neunziger Jahre fallen militärische und wirtschaftliche Macht nicht mehr zusammen. Zwar nehmen die USA in beiden Bereichen den ersten Rang ein. Nach wie vor ist der Dollar das Reservemedium der westlichen (wie der ganzen) Welt. Während die Vereinigten Staaten aber im Sachbereich Sicherheit die unbestritten stärkste Supermacht der Welt sind, deren Durchsetzungsvermögen fast unbegrenzt ist, wird ihnen im Sachbereich Wirtschaft der erste Platz nur noch im Hinblick auf ihr Potential eingeräumt. Sie sind längst zum Hauptschuldner der Welt geworden. In der Zahlungsbilanz von 1989 wies die laufende Rechnung einen Negativsaldo in Höhe von 106,3 Mrd. USD auf.[4] Ihr ständiges Haushaltsdefizit macht sie vom Wohlverhalten des Auslands abhängig, ihre Handelsbilanz ist seit Jahren negativ. Ihr wirtschaftliches Innovationspotential müßte erst wieder aktiviert werden. Hinzu kommen zahlreiche binnenwirtschaftliche Probleme, vor allem die Schwächen im Bereich der Industriepolitik, der Bildung und der Ausbildung.[5] Den Golfkrieg konnten die USA militärisch führen und gewinnen. Wirtschaftlich aber mußten sie ihn sich zum großen Teil, wenn nicht gänzlich, vom Ausland finanzieren lassen. Während des Golfkrieges konnten die USA Japan und die BRD wegen deren Zurückhaltung kritisieren. Auf dem Wirtschaftsgipfeltreffen des Jahres 1991 blieb Amerikas Wunsch nach Zinssenkungen seiner Verbündeten unberücksichtigt.

Je mehr sich nach dem Ende des Ost-West-Konflikts der Sachbereich Wirtschaft in den Vordergrund schiebt, desto größer wird der weltpolitische Einfluß Japans und der Europäischen Gemeinschaft. Obwohl die USA sie gern als Beweis des Gegenteils vorzeigten, haben weder der Golfkrieg noch die humanitäre Intervention in Somalia oder die Jugoslawienkrise dieses Verhältnis umzukehren vermocht. Nur ein größerer Teilkonflikt, an dem sich auch Rußland – und zwar gegen den Westen – militärisch beteiligte, könnte auf absehbare Zeit den Vorrang des Militärischen vor dem Ökonomischen, den der Militärmacht USA vor den Wirtschaftsmächten Japan und Europäische Gemeinschaft wiederherstellen.

Aus dieser Diffenenz entsteht ein doppelter Konflikt. Im internationalen System wollen die Vereinigten Staaten nicht wahrhaben, daß die drastisch zurückgegangene Nachfrage nach ihrem militärischen Schutz ihre ökonomischen Defizite nicht mehr verdeckt, so daß ihr Supermachtrang beschädigt wird. Dessen Ansprüche hielt die Bush-Administration Japan gegenüber voll aufrecht, obwohl der sicherheitspolitische Juniorpartner den militärischen Schutz des Hegemon nicht mehr braucht und wirtschaftlich längst zu einer Weltmacht aufgewachsen ist, die regional wie global die Gleichberechtigung einfordert. Beim Staatsbesuch Präsident Bushs in Tokio im Januar 1992 kollidierten die beiden Ansprüche derart, daß die Beziehungen gestört, nicht verbessert wurden. Präsident Clinton zeigte sich 1993 bereit, hier Remedur zu schaffen und den amerikanischen Bilateralismus, die klassische hegemoniale Methode, zugunsten des kooperativen Multilateralismus aufzugeben.

Auch gegenüber Europa hatte die Bush-Administration die Vormacht herausgekehrt, die NATO betont, die amerikanische Truppenpräsenz in Europa relativ hoch belassen und jeden Versuch der Europäer, ihre sicherheitspolitische Zusammenarbeit zu vertiefen, behindert. Auch dies hatte nicht mehr den erwünschten Erfolg. In der Jugoslawienkrise bestritt Westeuropa den USA die Führung, machte wirtschaftlich, bei der Agrarpolitik und anderen Streitpunkten der Uruguay-Runde, keine Konzessionen. Ob die Clinton-Administration der Versuchung widerstehen wird, alle sicherheitspolitisch relevanten Ereignisse stark zu vergrößern, damit die Relevanz des Militärischen und damit die der amerikanischen Vormachtstellung deutlich hervortritt, wird sich zeigen.

Ein ähnlicher Konflikt spielt sich im Innern der westlichen Industriestaaten ab. Anders als in Japan, wo sie auch während des Ost-West-Konflikts eine untergeordnete Rolle gespielt hatte, hatte die „security community" in den NATO-Staaten eine bevorzugte Position inne. Sie jetzt zugunsten einer an den Wohlstand der Gesellschaft zu verteilenden Friedensdividende abzugeben, fällt ihr verständlicherweise schwer. So blockiert – oder verlangsamt doch zumindest – sie die überfällige Abrüstung. In Deutschland führte dieses Interesse zu der absurden Situation, daß nach dem Ende des Ost-West-Konflikts über nichts so heftig diskutiert wurde wie über die Gewalteinsätze der Bundeswehr jenseits der Verteidigung.

Die während der vierzig Jahre des Ost-West-Konflikts gewachsenen Strukturen der „Sicherheitsgesellschaft" wieder zurückzubilden zu der dem Primat der Wirtschaft verpflichteten „Gleichheitsgesellschaft", wird nicht leichtfallen und lange dauern. Diejenige Gesellschaft, die den Übergang am schnellsten bewerkstelligt, wird am meisten davon profitieren. Die „Yankee practicality" (Taft) der USA hat hier, zumal wenn Präsident Clinton und seine Generation sie zu beleben verstehen, überaus gute Karten.

2. *Entfesselung der Konkurrenz?*

Das Ende des Ost-West-Konflikts könnte für die westliche Welt sehr wohl bedeuten, daß die wirtschaftliche Konkurrenz erheblich zunimmt, weil der harmonisierende Außendruck des Konflikts nicht mehr existiert und der sie mäßigende Hegemon funktionsunfähig geworden ist. Zwar war die wirtschaftliche Hegemonie der USA schon früher zu Ende gegangen, möglicherweise schon 1960, spätestens aber Mitte der siebziger Jahre. Die sicherheitspolitische aber blieb bis zur Selbstaufgabe des Warschauer Pakts erhalten. Auf sie führen die Verfechter der Theorie von der hegemonialen Stabilität zurück, daß die westliche Welt nicht an ihren wirtschaftlichen Differenzen auseinandergebrochen ist.[6] Die neunziger Jahre werden zeigen, ob diese These stimmt oder ob sie ersetzt werden muß durch die neuere Theorie, dernach die Leistungen eines Hegemon durch Kooperation, unilaterale Führung durch Regime und Organisation ersetzt werden können.

In der Atlantischen Gemeinschaft ist es jedenfalls bis zum Frühjahr 1993 gelungen, die Konkurrenz einigermaßen zu ordnen. Im Verhältnis zwischen den USA und Japan trat sie hingegen seit längerem und deutlich in Erscheinung. Bevölkerung und Landmasse beider sind stark asymmetrisch; um so gewichtiger war der Einfluß des Ost-West-Konflikts, um so größer sind die Folgen seiner Beendigung. Die Delta-Interdependenz (Manfred Knapp), die sich aus der Beziehung zwischen den in den Sachbereichen Sicherheit und Wohlstand vorfindbaren Abhängigkeiten errechnet und eine Quelle moderner Macht bildet, schlug im amerikanisch-japanischen Verhältnis besonders stark zugunsten der USA aus.

Das amerikanische Außenhandelsdefizit stammt vor allem aus den Handelsbeziehungen mit Japan und den vier Schwellenländern Hongkong, Taiwan, Südkorea und Singapur. 62 % des amerikanischen Außenhandelsdefizits kamen auf deren Konto; Japan allein verursachte 1988 45 % dieses Defizits. Das war 1980 nicht anders gewesen, aber die Größenordnungen hatten sich seitdem dramatisch verändert. 1980 belief sich das Außenhandelsdefizit der Vereinigten Staaten auf rund 20 Mrd. USD, 1989 hatte es sich mit beinahe 110 Mrd. USD mehr als verfünffacht. 1988 und 1989 fuhren die USA nicht den Durchschnittssatz, sondern 75 % ihres Außenhandelsdefizits im Austausch mit Ostasien ein, wovon 45 % auf Japan, 22 % auf die vier Schwellenländer, 4 % auf Malaysia und Thailand und immerhin 6 % auf China entfielen. Die Zahlen zeigen, daß sich hier Produktionsverschiebungen ergeben haben, die nicht auf Tarifmanipulationen, sondern auf die Wettbewerbsüberlegenheit der ostasiatischen Länder zurückzuführen sind.[7]

Diese verschärfte Konkurrenz vor allem hat die amerikanisch-japanischen Wirtschaftsbeziehungen belastet, zumal Japans Handelsüberschuß im Haushaltsjahr 1992/93 erneut um 20 %, von 38,4 auf 36,1 Mrd. USD anstieg.

Eine wichtige Ursache dafür war die innerjapanische Konsumschwäche, die durch den 1988 eingeleiteten Wirtschaftsabschwung des Landes und seinen Absturz 1991 in die Rezession noch vertieft wurde. Premierminister Miyazawa brachte zu seinem Antrittsbesuch bei Präsident Clinton im April 1993 ein Konjunkturprogramm von rund 180 Mrd. USD mit. Der riesige Betrag sollte – zusammen mit dem im Frühjahr 1993 stark angestiegenen Yen-Kurs – dazu dienen, das Export-Import-Verhältnis Japans besser auszugleichen und den amerikanisch-westlichen Vorwurf abzuwehren, der Außenhandelsüberschuß der Konzerne beruhe auf dem erzwungenen Konsumverzicht der japanischen Verbraucher und dem künstlichen Schutz des japanischen Marktes.

Das Konkurrenzverhältnis muß um so dringender geordnet werden, als die Interdependenz zwischen den beiden Ländern sehr hoch ist. Für Japan bilden die Vereinigten Staaten nach wie vor den wichtigsten Handelspartner, der ein Drittel aller japanischen Exporte aufnimmt und knapp ein Viertel aller japanischen Importe liefert. Für die Vereinigten Staaten liefert Japan 18,1 % aller Importe und bildet, indem es 12,3 % der amerikanischen Exporte aufnimmt, den zweitgrößten Auslandsmarkt der USA.

Die Asymmetrie bei den Investitionen fällt besonders drastisch aus. Japan hat 1990 26,1 Mrd. USD in den Vereinigten Staaten investiert, die USA ihrerseits in Japan nur 664 Mio. USD. Im Zeitraum 1950–1990 betrug das Gesamtvolumen japanischer Investitionen in den USA 130,5 Mrd. USD; das der USA in Japan nur 8,5 Mrd. USD, also 6,5 % der japanischen Anlagen in den USA. Da die japanischen Investoren amerikanische Staatspapiere bevorzugen – sie besaßen 1991 Papiere im Wert von rund 90 Mrd. USD –, wird der defizitbedingte Kapitalbedarf der amerikanischen Regierung vornehmlich von Japan gedeckt. Das belastet das Selbstbewußtsein. Amerika hat das Gefühl, finanziell von Japan abhängig, ihm kommerziell unterlegen und von ihm bei den Marktzugangschancen schlecht behandelt zu sein.[8]

Auch im amerikanisch-westeuropäischen Verhältnis verschärft sich die Konkurrenz. Sie wird aber etwas gemildert durch die Symmetrie des Humanpotentials, die größere Ausgewogenheit in den Handelssalden und durch die Teilintegration der beiden Wirtschaftsräume infolge wechselseitiger Investitionen. 1990 war die Handelsbilanz der USA mit der EG erstmals seit Anfang der achtziger Jahre wieder positiv.

Die Exporte der Vereinigten Staaten in die Europäische Gemeinschaft machten 1987 nur ein Zehntel dessen aus, was Tochterunternehmen amerikanischer Firmen in Europa direkt verkauften, übrigens zu einem Drittel schon an amerikanische Tochterunternehmen in Europa. Es ist daher gar nicht mehr richtig, von amerikanisch-westeuropäischen Handelsbeziehungen zu sprechen. Sie sind aufgrund der Investitionen zu einem beachtlichen Teil schon zum Binnenhandel geworden.

40 % der amerikanischen Investitionen in der Welt gingen 1987 in die Europäische Gemeinschaft, mit steigender Tendenz. 1989 wurden fast die Hälfte aller Firmenaufkäufe in der EG durch amerikanische Firmen vorgenommen. Auch die europäischen Investitionen in den USA haben sich kräftig gesteigert. 1980 beliefen sie sich auf 55 Mrd. USD, 1989 schon auf 262 Mrd. Den Löwenanteil dabei hielt England, gefolgt von den Niederlanden und dann der Bundesrepublik an dritter Stelle.

Diese sich steigernde Verflechtung der amerikanischen und der westeuropäischen Wirtschaft bildet eine Interessenidentität aus,[9] von der die amerikanisch-europäischen Beziehungen, notabene auch die Wirtschaftsbeziehungen, profitieren. Darin liegt eine gewisse Gewähr dafür, daß die noch immer national denominierte Wirtschaftskonkurrenz nicht aus dem Ruder laufen wird.

Die Handelskonkurrenz ist lautstark. Die Sorge der USA, daß aus dem alten Kontinent eine „Festung Europa“ werden könnte, ist nach der Vollendung des Binnenmarktes einerseits, den Schwierigkeiten bei der Vollendung der Wirtschafts- und Währungsunion andererseits, einer beruhigteren Sicht gewichen. Man richtet sich darauf ein, daß mit der Erweiterung der Europäischen Gemeinschaft um Österreich, Finnland, Norwegen, Schweden (und möglicherweise die Schweiz), mit der Assoziierung der osteuropäischen Länder und dem Beteiligungsinteresse Rußlands und anderer GUS-Mitglieder die Europäische Gemeinschaft auf dem Wege ist, zu einer Freihandelszone zu werden, die so groß ist wie Nordamerika und es in Wirtschaftskraft möglicherweise überragt.

Die EG ist ein bedeutender weltwirtschaftlicher Akteur geworden. 141 Botschafter waren 1991 bei ihr akkreditiert. Sie hat Assoziations- oder Kooperationsabkommen mit vielen Staaten auf der Welt geschlossen, vor allem im Mittelmeerraum. 66 Staaten in Afrika, dem Pazifik und der Karibik sind der EG im Lomé-Abkommen angeschlossen, das 1989 zum vierten Male verlängert wurde, und zwar für zehn Jahre.

Die zu ihren Gunsten veränderte Konkurrenzlage demonstrierte die EG, als sie im Dezember 1990 lieber die Uruguay-Runde des GATT platzen ließ, als in der Agrarfrage nachzugeben. Daß zwei Jahre später dennoch ein Kompromiß erzielt werden konnte, zeigt, daß die atlantischen Wirtschaftsbeziehungen nicht vom Außendruck des Warschauer Paktes, sondern von den Zwängen der wechselseitigen Interdependenz gesteuert werden. Auch verläuft der Agrarkonflikt nicht zwischen der EG und den USA, sondern zwischen dem großen Agro-Business in Frankreich und in Deutschland einerseits, dem Rest der Welt und der Wirtschaft andererseits. Die außereuropäische Agrarproduktion will auf den europäischen Landwirtschaftsmarkt; die Industrie – auch die europäische – will die globale Liberalisierung der Dienstleistungen, die in der GATT-Runde verabredet, aber von europäischen Konzessionen in der Agrarpolitik abhängig gemacht worden war. Eine kleine Gruppe hochmotivierter und strategisch äußerst geschickt operierender Akteure vermochte die europäischen Bauern vor ihren Karren zu spannen und mit ihm die ganze Welt zu blockieren.[10]

Wichtiger als der Streit um Marktchancen, der in einem mehr als 500 Millionen Menschen umfassenden Wirtschaftsraum unvermeidlich und so lange unproblematisch ist, wie er immer wieder konsensual beigelegt wird, ist die Frage, ob sich die Freihandelszonen zu Handelsblöcken entwickeln. Die USA, die als wirtschaftliche Führungsmacht die Blockbildung stets kritisiert hatten, arbeiten jetzt, nachdem sie die Führungsposition verloren haben, ihrerseits am Aufbau einer amerikanischen Wirtschaftszone. Im Januar 1989 trat die amerikanisch-kanadische Freihandelszone in Kraft, die bis zum Ende der neunziger Jahre die Restzölle im amerikanisch-kanadischen Handel beseitigen wird. Ein ähnliches Abkommen mit Mexiko wurde 1992 noch von der Bush-Administration geschlossen, aber von Präsident Clinton aus Sorge um den Ausverkauf amerikanischer Arbeitsplätze so nicht akzeptiert. Beide Abkommen sollen die bereits erwähnte North American Free Trade Association (NAFTA) bilden, den ersten Schritt hin zu einer gesamtamerikanischen Freihandelszone.

Japan hat um sich herum keine Handelsorganisation geschaffen und sich auch dem amerikanischen Wunsch gefügt, solche Organisationen nicht zu fördern. Dennoch haben japanische Investitionen in der Region und der regionale Handelsaustausch eine informelle Yen-Zone geschaffen. 1970 war Japans Handel mit den asiatischen Staaten nur halb so groß wie der mit Nordamerika. 1990 hatte der asiatische den nordamerikanischen Handel Japans schon überragt. Tokio investiert jährlich rund 18 Mrd. USD in der Region, ungefähr so viel wie das Bruttosozialprodukt Singapurs beträgt.

Wird also aus der einst von den USA geführten OECD-Welt eine Welt werden, in der sich ein europäischer, ein japanischer und ein amerikanischer Wirtschaftsblock kompromißlos Konkurrenz machen? Behalten die skeptischen Theoretiker recht damit, daß die liberale Weltwirtschaft auf einen Stabilisator angewiesen ist, der ihre Offenheit erhält?

Beides muß nicht zutreffen. Der Welthandel ist, jedenfalls für Industrieprodukte, trotz der regionalen Zusammenschlüsse relativ frei geblieben; er ist durch sie auch regional harmonisiert worden, was dem Austausch zugute kommt. Bundesbankpräsident Schlesinger vertrat im April 1993 die Auffassung, daß die Interdependenz der Industrienationen den Freihandel zu ihrem Interesse gemacht habe.[11]

In diese Richtung deuten die überregionalen Zusammenschlüsse. Im amerikanisch-asiatischen Verhältnis existiert seit 1989 die Asia-Pacific Economic Cooperation (APEC), in der die USA, Japan, Australien und die ASEAN-Länder zusammenarbeiten. Wird die APEC um die „drei Chinas" erweitert, dann verknüpft sie die USA mit ihren wichtigsten asiatischen Konkurrenten.

Im amerikanisch-europäischen Verhältnis gibt es eine solche Organisation nicht, sondern nur häufige Kontakte. Sie wurden durch die gemeinsame Erklärung vom 23. November 1990[12] zu einem Regime institutionalisiert.

Im europäisch-japanischen Verhältnis gab es jahrelang nur die Pragmatik zahlreicher Treffen, mit denen die Japaner ihre Exportoffensiven, die Europäer ihre Reaktionen in Gestalt von Anti-Dumping-Maßnahmen, und ihre Forderungen nach freiwilligen Exportbeschränkungen Japans und Öffnung seiner Märkte für europäische Produkte begleiteten. Mit der „Gemeinsamen Erklärung" vom 18. Juli 1991 haben nun auch Japan und die Europäische Gemeinschaft den Dialog auf allen Ebenen institutionalisiert.

Reichen diese überregionalen Verbindungen zwischen den einzelnen Handelszonen aus? Seit langem wird gefordert, daß zumindest der Welthandel einer globalen Weltwirtschaftsorganisation bedarf, wie sie schon 1947 mit der International Trade Organization geplant gewesen war. Weil sie seinerzeit nicht zustande kam, wurde das GATT als Notlösung eingerichtet.

Die Wirtschaftswelt der neunziger Jahre kann sich einen Verzicht auf „umfassende Welthandelsregelungen nicht mehr leisten".[13] Sie braucht eine Weltwirtschaftsorganisation, die kooperativ die Zugänge zu Rohstoffen und Märkten, die Modalitäten eines ‚fairen' Handels, den Kapital- und Technologietransfer, die Investitionsbedingungen, die Verteilung der Anteile an der Weltliquidität – kurz: alle in der offenen Weltwirtschaft wichtigen und sensiblen Probleme – bearbeitet. Sie sollte vor allem auch für die Festsetzung und flexible Anpassung der Wechselkurse zuständig sein. Sie sind bisher von den großen Sieben verwaltet worden, nicht einmal der Weltwährungsfonds wurde hinzugezogen. Zwar stellt die Gruppe der G-7 schon einen Fortschritt dar, weil ihre Kooperation die amerikanische Hegemonie ersetzt hat. Noch besser als dieses Regime aber wäre eine regelrechte Organisation, in der alle Beteiligten das Währungs- und Handelssystem der Weltwirtschaft in eine liberale Richtung verläßlich steuern.

3. Integration der Staatshandelsländer

Die Beendigung des Ost-West-Konflikts hat die Weltwirtschaft insofern revolutioniert, als die sozialistische Planwirtschaft, die seit der Gründung des Rates für Gegenseitige Wirtschaftshilfe (RGW) 1949 als erfolgreiche Alternative zum kapitalistischen System galt, zusammengebrochen ist. Nunmehr steht die Weltwirtschaft vor der Aufgabe, die ehemaligen Staatshandelsländer zu integrieren und ihnen beim Übergang in die Marktwirtschaft zu helfen.

Die Konkursmasse ist beachtlich. Die RGW-Länder hielten zwar keinen großen, aber doch einen nennenswerten Anteil am Welthandel: 1988 belief er sich auf 9,7 %. Die Sowjetunion nahm den achten Platz in der Rangliste der Welthandelsländer ein.[14] Dementsprechend groß sind die Folgen des Zusammenbruchs für die Weltwirtschaft. Zunächst wird die sozialistische Planwirtschaft, wo sie noch vorhanden ist, ihre Entwicklungsperspektiven gänzlich einbüßen.

Sodann haben die zahlreichen Entwicklungsländer, die zur kapitalistischen Marktwirtschaft und zu den westlichen Industriestaaten wenigstens Distanz halten wollten, ihren Rückhalt verloren. Für sich genommen war die sowjetische Auslandshilfe nicht hoch, belief sich 1988 auf 1,5 Mrd. USD. Sie ging vorzugsweise nach Schwarzafrika und Südasien. Zählt man aber die Hilfe für die kommunistischen Entwicklungsländer Kuba, Vietnam, die Mongolei und Nordkorea hinzu, so kam das Volumen der sowjetischen Auslandshilfe mit 7,5 Mrd. USD dem der USA (12,9 Mrd. USD) schon beträchtlich nah. Die Sowjetunion und die RGW-Länder sind aber auch für viele Entwicklungsländer als Handelspartner ausgefallen. Sie waren einstmals sehr geschätzt, weil sie auch den Tauschhandel akzeptiert hatten, in dem nicht mit harter Währung, sondern mit Landesprodukten bezahlt werden konnte.

Statt dessen sind Rußland und die meisten anderen Republiken der GUS zum weltwirtschaftlichen Problemfall geworden. Sie in die Weltwirtschaft zu integrieren, stellt eine enorme wirtschafts- und ordnungspolitische Herausforderung dar. Deren Dimension läßt sich schon an den Kosten ablesen, die allein die Integration der früheren DDR in die Bundesrepublik verursacht. Die Voraussetzungen in Polen, der CSFR und Ungarn sind indes ungleich schlechter. Sie sind aber noch sehr viel besser als die in Rußland, wo der Übergang zur Marktwirtschaft durch den Widerstand der Nomenklatura und die fehlende Infrastruktur deutlich erschwert wird. Die sowjetische Wirtschaft befand sich 1990 in einer Krise, die bereits den Kollaps befürchten ließ. 1991 wurde mit 12 bis 14 Millionen Arbeitslosen gerechnet; die Industrieproduktion fiel 1990 um 4 % mit weiter fallender Tendenz. Das Haushaltsdefizit stieg auf 11 % des BSP. Die Versorgung der Bevölkerung mit Nahrungsmitteln, Wohnungen, Gesundheitsfürsorge verschlechterte sich rapide. Das Wirtschaftswachstum, das 1989 immerhin noch 3 % betragen hatte, schrumpfte, belief sich 1990 auf – 2 %, 1991 auf – 1,7 %. Die Zukunft ist mit Ungewißheiten belastet. Bis Ende 1993 wollte Jelzin den Kleinhandel und die Konsumgüterindustrie vollständig, bis Ende 1996 auch die Großwirtschaft zu 80 % privatisiert haben. In der Übergangszeit werden Arbeitslosigkeit und Inflation noch steigen, die Lebensbedingungen sich verschlechtern, die gesellschaftlich-politischen Instabilitäten sich vergrößern.

Im Referendum vom 25. April 1993 hat die russische Bevölkerung mit einer Mehrheit von 52,7 % der Stimmen die Wirtschafts- und Sozialpolitik Jelzins bestätigt. Ob sie sie damit schon ausreichend gegen die konservativen Attacken abgesichert hat, bleibt abzuwarten.

Der Beitrag der OECD-Staaten zur Wirtschaftsreform und zur Integration der ehemaligen Staatshandelsländer in den Weltmarkt blieb bis 1993 eher dürftig. Die Europäische Bank für Wiederaufbau und Entwicklung, die im April 1991 errichtet worden war, enttäuschte durchweg unter schwacher Führung. Statt dessen tat sich auf der Spenderseite die Bundesrepublik hervor, die bis Ende 1992 mehr als 80 Mrd. DM nach Rußland fließen ließ. Dafür blieben die 24 Mrd. USD, die auf dem Münchener Weltwirtschaftsgipfel der G-7 im Juni 1992 als Hilfe benannt worden waren, überwiegend auf dem Papier.

Erst der neue amerikanische Präsident Clinton, der völlig richtig die Förderung von Demokratisierungsprozessen in das Zentrum seiner Außenpolitik gehoben hat, aktivierte und implementierte die westliche Hilfe. Zunächst wurden Amortisation und Zinsendienst der russischen Auslandsverschuldung in Höhe von 80 Mrd. USD (von denen 70 Mrd. noch aus der alten Sowjetunion stammten) gestreckt und damit erleichtert. Im April 1993 wurden dann neue Hilfsprogramme in Höhe von 43,4 Mrd. USD aufgelegt, die allerdings, wie schon im Vorjahr, größtenteils Absichtserklärungen enthielten, deren Umsetzung an zahlreiche Voraussetzungen geknüpft worden sind. Neues Geld steckte nur in den 3 Mrd. USD, die der Internationale Währungsfonds zur Verfügung gestellt hatte, um die Konsolidierung der Fiskal- und Geldpolitik zu erleichtern. Der wesentliche Unterschied zu 1992 bestand in der von Bill Clinton geförderten Einsicht der OECD-Staaten, daß Rußland eines langfristigen westlichen Hilfsengagements bedürfe. Zu dessen Gunsten hatte auch Japan erstmals seine Interessen an den südlichen Kurilen zurücktreten lassen.

Gerade weil es in der Tat wenig Sinn macht, angesichts der unübersichtlichen Zustände in Rußland Kapitalhilfe blind, also ohne Bedingungen und Auflagen zu vergeben, muß die Unterstützung des Westens eigentlich anderer Art sein. Sie müßte sich in seiner Bereitschaft zeigen, die ehemaligen Staatshandelsländer als Handelspartner zu akzeptieren. Mit der Sowjetunion war ein großer und wichtiger Markt weggebrochen, auf den hin sich alle Staaten des früheren Rats für Gegenseitige Wirtschaftshilfe orientiert hatten. Sie alle, Rußland eingeschlossen, sind jetzt auf der Suche nach neuen Absatzmärkten, vor allem im Westen. Sie alle trafen, ebenso wie die inzwischen mit der Europäischen Gemeinschaft assoziierten osteuropäischen Staaten, auf eine nur noch protektionistisch zu nennende Abwehrhaltung der europäischen Wirtschaften, vor allen Dingen der Landwirtschaft.

Bei dieser Antwort der Europäischen Gemeinschaft sollte es nicht bleiben. Die in der Richtung neuen und im Volumen ständig steigenden Handelsströme aufzunehmen, ist sicherlich nicht leicht. Verweigert sich aber der Westen, und insbesondere die Europäische Gemeinschaft, dann ergänzt diese Haltung in den Augen Osteuropas, Rußlands und der anderen Nachfolgestaaten der Sowjetunion die – oben erwähnte – Abrüstungsverweigerung des Westens zu einem Gesamteindruck neuer Bedrohung. Eine solche westliche Umwelt wird östlich der Oder nur als abweisend und protektionistisch empfunden werden. Politische Konservative können daraus dann leicht wieder das vertraute Bild von Imperialismus und Ausbeutung hervorzaubern. Was dem russischen Präsidenten Jelzin in der Kammer der Volksdeputierten vor allem vorgeworfen wurde, war nicht so sehr die wirtschaftliche Schwäche des Landes als vielmehr dessen vermeintliche Unterwerfung unter die Führung der Vereinigten Staaten und sein Ausverkauf an westliche Interessen.

Der amerikanische Präsident Clinton hat diese Gefahr richtig erkannt und deswegen die wirtschaftliche Integration der Staatshandelsländer als wichtigste politische Aufgabe des Westens bezeichnet. Die Menschen in Osteuropa, Rußland und den anderen Nachfolgestaaten der Sowjetunion erwarten von Liberalisierung und Demokratisierung zunächst eine Verbesserung ihrer materiellen Lebensbedingungen, ökonomische Entwicklung und sozialen Fortschritt. Werden diese Erwartungen nachhaltig enttäuscht, dann sind politische Reaktionen zu erwarten, die die wirtschaftlichen Einschränkungen, die sich der Westen bei stärkerer Aufnahme östlicher Handelsprodukte auferlegen müßte, als Petitesse erscheinen lassen. In den neuen deutschen Bundesländern hat sich dieser Vorgang en miniature abgespielt, gedämpft allerdings durch die Hilfsverpflichtungen der alten Bundesländer und das Fehlen jeglicher Alternative.

Gerade weil in der Welt nach dem Ende des Ost-West-Konflikts der Sachbereich der wirtschaftlichen Wohlfahrt dominiert, gerade weil die Struktur der künftigen Sicherheit in den wirtschaftlichen Lebens- und Entwicklungsbedingungen grundgelegt wird, muß die Wirtschaftspolitik auch diese politischen Faktoren berücksichtigen.

In der Bundesrepublik wurde 1992/1993 immer mehr von einem „erweiterten Sicherheitsbegriff" gesprochen, unter ihm in erster Linie die Entsendung der Bundeswehr zu Einsätzen „out of area" verstanden. Erforderlich wäre statt dessen ein „entfalteter Sicherheitsbegriff", der die militärische Komponente nicht vernachlässigt, aber die politische und vor allem die wirtschaftlich Komponente in den Vordergrund rückt. Sicherheit kann, das hat der Ost-West-Konflikt gelehrt und nach Präsident Bush vor allem sein Nachfolger Clinton verstanden, nur durch die Erzeugung demokratischer und wirtschaftlich entwickelter gesellschaftlicher Strukturen erzeugt werden. Im Zentrum des entfalteten Sicherheitsbegriffes steht die Außenwirtschaftspolitik, steht – auf Europa bezogen – die Integration der früheren Staatshandelsländer, ihre wirtschaftliche Entwicklung und – darauf aufbauend – ihre politische Demokratisierung. Die Osteuropa- und GUS-Politik des Westens muß darauf gerichtet sein.

4. Vernachlässigung der Dritten Welt

Das Ende des Ost-West-Konflikts stellt im allgemeinen die Entwicklungsländer schlechter. Zunächst fallen – wie erwähnt – die Sowjetunion und die Staaten des Warschauer Paktes als Enwicklungshelfer wie als Kunden aus. Sodann treten die Länder des früheren Ostblocks jetzt als Konkurrenten um die Entwicklungshilfe der westlichen Industriestaaten auf. Ihr Bedarf ist enorm, ihre Absichten sind gut. Ferner: Das westliche Interesse an der Vergabe von Auslandshilfe wird sich auch deswegen verringern, weil es zum großen Teil von der Auseinandersetzung mit der Sowjetunion bestimmt wurde. Rund die Hälfte der amerikanischen Entwicklungshilfe, beispielsweise, wurde in den achtziger Jahren an diejenigen Länder im „Krisenbogen" gegeben, die als strategisch wichtig galten. War diese Begründung nie sehr überzeugend, so hat sie sich jetzt aufgelöst. Und schließlich: die Lage der Weltwirtschaft hat sich 1992/1993 dramatisch verändert, nicht nur wegen der – auch im Frühjahr 1993 noch anhaltenden – Rezession in vielen Industriestaaten, vor allem Deutschland, sondern auch wegen des seit 1990 zu verzeichnenden Produktionsrückgangs in Osteuropa und der früheren Sowjetunion. Da es, andererseits, in vielen Entwicklungsländern überraschenderweise bergauf ging, nahm die Hilfsbereitschaft des Westens ab.

Die Lage der Weltwirtschaft und die der Entwicklungsländer im allgemeinen wurde vom Ende des Ost-West-Konflikts nur gering und auch nicht besonders positiv beeinflußt. Die Weltproduktion blieb 1992 hinter der Bevölkerungszunahme zurück. Gegenüber der Stagnation in den Industriestaaten zeigten die Entwicklungsländer insgesamt eine etwas freundlichere Tendenz, die allerdings das von den Vereinten Nationen gesetzte Ziel einer jährlichen Wachstumsrate von 7 % klar verfehlte. In Schwarzafrika war die Lage besonders desolat.

Die Aggregate der einzelnen Ländergruppen zeigen die Marginalität des Fortschritts.[15] Für die mit 2,8 Mrd. Einwohnern stärkste Gruppe der Entwicklungsländer mit niedrigem Einkommen brachte das Ende des Konflikts keine erkennbare Besserung. Das Wachstum ihres Bruttoinlandprodukts, das im Durchschnitt der Jahre 1980 bis 1986 noch 6,1 % betragen hatte, fiel 1991 auf 4,3 %. Pro Kopf berechnet halbierte es sich sogar. Bei den Ländern mit mittlerem Einkommen (1,0 Mrd. Einwohner) zeigte sich keine Veränderung, ebenso nicht bei der vierten Gruppe, der der hochverschuldeten Länder mit mittlerem Einkommen. Ihre Lage blieb mit einem BSP-Wachstum von 1,2 % gleichbleibend schlecht.

Es ist nicht nachweisbar, daß die Stagnation bzw. Verschlechterung der Lage der Länder mit mittlerem und niedrigem Einkommen auf das Ende des Ost-West-Konflikts zurückzuführen ist. Sichtbar ist, daß einige nahöstliche und nordafrikanische Länder, deren Kunden die RGW-Länder waren, in Mitleidenschaft gezogen wurden.

Die Wirtschaftshilfe des Westens für die Dritte Welt wurde nicht erhöht, lag weit unterhalb der von den Entwicklungsländern geforderten 0,75 % des BSP. Dieser Anteil wird nur von Norwegen, den Niederlanden und Dänemark erreicht. Die Bundesrepublik lag 1990 mit einem Hilfeanteil von 0,41 % in der oberen Hälfte,[16] die USA lagen mit 0,15 % am unteren Ende der Skala. Die Verschuldung der Entwicklungsländer ist nach wie vor hoch, belief sich Ende 1990 auf 1,34 Billionen USD. Der vom früheren amerikanischen Finanzminister Nicholas F. Brady entworfene und nach ihm benannte Plan, die Schulden nicht zu refinanzieren – was wegen der geringen Nettozuschüsse ohnehin nicht in Frage kommt –, sondern durch den Verkauf von Anteilen zu reduzieren, kann das Problem bei den Ländern mit mittlerem Einkommen langfristig verringern. Der Pariser Club der Gläubiger schloß 1991 und 1992 Umschuldungsvereinbarungen mit zahlreichen Ländern mittleren und niedrigen Einkommens ab, die deren Schuldenlast bis zur Hälfte verringerten.

Bei den 26 ärmsten Ländern der Welt – fast alle in Schwarzafrika gelegen – kommt nur ein Schuldenerlaß in Frage. Die EG-Kommission hat ihn 1990 angeregt. Die G-7 beschlossen auf ihrem Weltwirtschaftsgipfel 1991, diesen Ländern einen Teil ihrer Schulden gegenüber öffentlichen Gläubigern der Industriestaaten zu erlassen. Diese Länder hatten den Schuldendienst ohnehin nur zum kleinsten Teil erbringen können; sie waren durch die Golfkrise und die damit verbundene Ölpreissteigerung zusätzlich belastet worden. Innerhalb der Gruppe der Industriestaaten muß sich die EG vorwerfen lassen, daß sie in den sechzehn Jahren der Lomé-Verträge mit den AKP-Staaten (denen zwölf Jahre der Zusammenarbeit der EG mit den 18 Assoziierten Afrikanischen Staaten und Madagaskar vorausgingen) die Lage der schwarzafrikanischen Staaten nicht strukturell verbessert hat.[17] Zwar stieg das Bruttoinlandsprodukt der Länder Schwarzafrikas um ca. 2,4 %. Da aber der Bevölkerungsanstieg größer war, verringerte sich das Pro-Kopf-Einkommen um 0,6 %. Diese, aus der langjährigen Kooperation entstehende Verantwortung müßte die EG veranlassen, die durch das Ende des Ost-West-Konflikts frei werdenden Ressourcen nicht nur den früheren Staatshandelsländern, sondern auch den schwarzafrikanischen Ländern zugute kommen zu lassen.

Zu erwarten ist indes, daß sich die EG-Entwicklungspolitik noch stärker als kollektive Vertretung der europäischen Wirtschaftsinteressen gerieren wird. Die AKP-Politik der EG findet in der westeuropäischen Öffentlichkeit so gut wie gar keine Beachtung, obwohl in Afrika die Revolution der enttäuschten Erwartungen schon in Gang gekommen ist. In Nordafrika drückt sie sich aus in der Zunahme des islamischen Fundamentalismus, sozialer Unruhen und verstärkter Auswanderung in Richtung Südeuropa. Frankreich, Italien, Spanien und Portugal haben im Sommer 1990 mit den nordafrikanischen Staaten ein informelles Forum für regionale Kooperation gegründet. Es wird wenig nützen, wenn die Europäische Gemeinschaft sich nicht darum bemüht, daß die den sozialen Unruhen zugrundeliegenden wirtschaftlichen Probleme gelöst oder zumindest gemildert werden.

Das vertraute Bild der Aggregatzahlen verdeckt, daß sich in Asien und in Lateinamerika beträchtliche Veränderungen ergeben haben. Sie sprengen endgültig den Sammelbegriff der Dritten Welt. Unter der Decke des Ost-West-Konflikts haben sich nicht nur die Gesellschaften gegenüber ihren politischen Systemen emanzipiert; es haben in vielen Ländern auch die Wirtschaften das take off-Stadium (Rostow) durchschritten und hinter sich gelassen. Den größten Fortschritt zeigte die asiatisch-pazifische Region. Ihr Wirtschaftswachstum war in den achtziger Jahren doppelt so hoch wie in Amerika und in Europa. Für 1993 und 94 rechnete die Asian Development Bank mit einer Wachstumsrate von durchschnittlich mehr als 7%. Ostasiens Sparquote lag 1990 bei 30%. Sein Handel mit den Ländern der Atlantischen Gemeinschaft war größer als der zwischen diesen Ländern.

An diesem Aufstieg hat die Volksrepublik China mit einem jährlichen Wirtschaftswachstum von durchschnittlich 7% – in der Provinz Guangdong 20% – und mit einem Wachstum des Außenhandels von 16% erheblichen Anteil. Der „chinesische Wirtschaftsraum“, zu dem Hongkong, das 1997 dem Festland angegliedert wird, und Taiwan, dessen Beziehungen zu China sich verbessern, gezählt werden, wird von der Weltbank schon zum vierten großen Pol des weltwirtschaftlichen Wachstums gerechnet.[18] Das Bruttosozialprodukt dieses Raumes soll in zehn Jahren so groß wie das amerikanische sein, größer als das Japans und Deutschlands. Nur auf den Kopf der Bevölkerung umgerechnet, bleibt es hinter diesen Ländern weit zurück.

Der „chinesische Wirtschaftsraum" erweitert sich zum „Größeren China", wenn man Singapur, Malaysia, Thailand, Indonesien und die Philippinen dazuzählt, Länder, deren Wirtschaft sich zum größten Teil in den Händen von Auslandschinesen befindet. Investoren dieser Ländergruppe nahmen zu Anfang der neunziger Jahre den ersten Platz der Kapitalgeber in Südostasien ein, den zuvor Japan gehalten hatte. Hinzuzählen muß man auch die Republik Korea, die unter den Entwicklungsländern der Region mit 5400 USD das höchste Pro-Kopf-Einkommen hat.

Natürlich gibt es auch sehr arme Länder im asiatisch-pazifischen Raum. Dazu zählen die meisten Inselstaaten, Indochina und Myanmar (Burma). Die Philippinen litten besonders unter dem Golfkrieg, unter Naturkatastrophen und auch darunter, daß die Regierung Aquino weder die inneren Unruhen beseitigen noch die beträchtlichen wirtschaftlichen Kräfte des Landes freizusetzen vermochte. Sie sind, nachdem mit dem Abzug der USA die Militärbasen als Einkommensquelle entfallen und auf neue zivile Nutzung angewiesen waren, besonders gefragt.

Die zweite Großmacht Asiens, Indien, weist seit langem ein jährliches Wachstum von 5 % auf, das allerdings durch den Golfkrieg und den Ausfall der Sowjetunion als Handelspartner deutlich verringert wurde. Es ist sehr ungleich verteilt: 40 % der Armen der Welt leben in Indien. Die Regierung Rao, die Mitte 1990 die Gandhi-Dynastie endgültig abgelöst hatte, betrieb eine energische Privatisierungsstrategie, um das Haushaltsdefizit abzubauen und die Wirtschaft zu aktivieren. Die Voraussetzungen dafür waren gegeben. Der Bildungsstand ist gerade im Ingenieurwesen beträchtlich, Indiens Softwareindustrie rangierte Anfang der neunziger Jahre weltweit auf Platz 1.

Lateinamerika, das von der schweren Schuldenkrise geschüttelt wurde, hat erst mit der Wende zu den neunziger Jahren seine Anpassungspolitik verstärkt. Die Inflationsrate lag im Durchschnitt des Jahres 1991 bei 75 %. Das Pro-Kopf-Einkommen befand sich 1992, trotz einer Wachstumsrate von 4,3 %, noch unter dem, das 1979 schon erreicht worden war. Mexiko und Chile befinden sich an der Spitze der wirtschaftlichen Entwicklung. Chile gilt als nächster Anwärter auf den Beitritt zur Nordamerikanischen Freihandelszone (NAFTA), dem Kernstück der von Präsident Bush am 27. Juni 1990 verkündeten „Enterprise for the Americas Initiative". In ihrem Zusammenhang haben bis zum Juni 1992 schon einunddreißig der vierunddreißig Länder Lateinamerikas Rahmenabkommen mit den USA unterzeichnet. Ob das Projekt angesichts des riesigen Wirtschaftsgefälles zwischen den USA und den lateinamerikanischen Nachbarn Sinn macht, ob es besser wäre, erst die vorgesehenen Teilzusammenschlüsse in Süd- und Mittelamerika zu verwirklichen, um die Asymmetrie zu den USA zu verringern, bleibt abzuwarten.

Angesichts der regional drastisch unterschiedlichen Zustände in der Dritten Welt muß das klassische Konzept der Entwicklungshilfe als überholt gelten. Sie müßte vielmehr eingebettet werden in eine Strukturpolitik der OECD-Staaten, die den sich industrialisierenden Ländern einen Platz in der internationalen Arbeitsteilung einräumt. Die – oben bereits erwähnte – Einrichtung einer Welthandelskonferenz zeigt sich auch von dieser Seite als besonders dringlich. Als Vorläufer müßte zumindest die Uruguayrunde des GATT in absehbarer Zeit abgeschlossen werden.

Bleiben solche Ordnungen aus, dann werden nicht nur die Armutswanderungen, wie sie die USA seit Jahren und Europa seit 1990 erlebten, drastisch anschwellen, werden nicht nur Drogenhandel und Umweltausbeutung erheblich zunehmen. Es werden sich vielmehr die Verteilungskonflikte verschärfen, die auch wieder in die Gewaltanwendung einmünden können.

Die erfolgreichen Entwicklungsmodelle der asiatischen Schwellenländer weisen durchweg autoritäre politische Systeme auf, die „für das Volk, aber nicht durch das Volk" regieren. Wirtschaftliches Wachstum ist dort wichtiger als politische Freiheit;

China belächelt geradezu den Versuch Rußlands, der Demokratisierung Vorrang vor der ökonomischen Entwicklung zu geben. Jedenfalls haben die asiatischen Schwellenländer bewiesen, daß autoritäre Herrschaftssysteme wirtschaftliche Entwicklung nicht nur behindern, sondern fördern können. Der von der Theorie ausgewiesene notwendige Zusammenhang zwischen wirtschaftlichem Wohlstand und demokratischer Freiheit stellt sich demnach erst in einem späteren Entwicklungsstadium ein. Nur wenn, wie es im real existierenden Sozialismus der Fall war, das Maß der politischen Unterdrückung so groß ist, rückt die Freiheit an die erste Stelle der gesellschaftlichen Anforderungen. Hält sich die Repression in den Grenzen des Autoritären, was bei Singapur und Hongkong nachweislich der Fall ist – in Taiwan und Südkorea wurde diese Grenze immer wieder überschritten –, dann ist sie einer konzentrierten Entwicklungspolitik eher förderlich. Die Gefahr, daß bei ansteigender Industrialisierung sich verschärfende Verteilungskonflikte die Gewaltanwendung wieder heraufbeschwören, kann durch die Vorherrschaft autoritärer Regierungssysteme vergrößert werden; ihnen wohnt eine spezifische Affinität zur Gewaltanwendung inne. Sie könnten auch versucht sein, ihre Herrschaftsminderung, die im Zuge weiterer wirtschaftlicher Entwicklung unausweichlich werden wird, mit der Herbeiführung außenpolitischer Konflikte aufzuhalten.

Die Wirtschaftswelt ist also zwar von vornherein, aber nicht auf Dauer und nicht automatisch frei von militärischer Gewaltanwendung. Die europäischen Staaten haben im Laufe ihrer Industrialisierungsphase gezeigt, wie sich wirtschaftliche Interessen mit Herrschaftsinteressen verbinden lassen, wie Verteilungskonflikte in Sicherheitskonflikte umschlagen können. Der Entfall der Bindungen, die der Ost-West-Konflikt einst mit sich gebracht hatte, hat zwar die wirtschaftlichen Kräfte in allen Ländern freigesetzt und beflügelt. Das freie Spiel der Kräfte bedarf aber sehr wohl der Lenkung – am besten in Gestalt kooperativer Steuerung durch eine internationale Organisation. Der Westen sollte unmittelbar dazu beitragen durch den Verzicht auf Rüstungsexporte in die Dritte Welt, bei denen die Bundesrepublik leider inzwischen in die Führungsgruppe aufgerückt ist. Er sollte seine Erfahrungen darüber, wie Industrialisierung und äußere Gewaltanwendung sich verknüpfen, weitergeben an die Dritte Welt, um es ihr leichter zu machen, diese Fehler zu vermeiden. Er müßte vor allem aber den Entwicklungsländern einen Platz in der Weltwirtschaft einräumen, an dem sie sich entfalten können.

5. *Emanzipation der Transnationalen Konzerne*

In der Wirtschaftswelt nach dem Ende des Ost-West-Konflikts spielen die Transnationalen Konzerne (TNC) eine immer größere Rolle. Das muß kein Schaden sein. Sie haben sich in wichtigen Feldern, wie der Ölversorgung oder der Währungsstabilität, klug, umsichtig und stabilisierend verhalten. Daß weder die Öl- noch die Verschuldungskrise das Weltwirtschaftssystem gesprengt haben, ist wesentlich den TNC zu verdanken. Sie sind – entgegen einem noch immer weitverbreiteten Stereotyp – keineswegs an Krieg und Gewalt interessiert, haben sich vielmehr im Ost-West-Konflikt immer für die Entspannung eingesetzt und für sie geworben. Der Grund ist einfach: Krisen und Kriege stärken die Hand der politischen Systeme, schränken die Bewegungsfreiheit der wirtschaftlichen Akteure ein. Das Erdgasröhrenembargo, die Exportkontrollen und die Politisierung der Ostwirtschaft durch Ronald Reagan liefern die Beispiele. Nachdem das Ende des Ost-West-Konflikts den politischen Systemen diese Kontroll- und Disziplinierungsmöglichkeit aus der Hand genommen hat, werden sich Bedeutung und Handlungsfreiheit der TNC rasch vergrößern.

Sie sind jetzt schon sehr hoch. Anfangs der neunziger Jahre gab es rund 20000 solcher TNC mit mehr als 100000 Tochtergesellschaften im Ausland. Die größten von ihnen haben ein Verkaufsvolumen von 10–100 Mrd. USD. Die größte Bank ist die Dai-Ichi Kangyo Bank in Japan mit einem Geschäftsvolumen von 240 Mrd. USD, das größte Industrieunternehmen ist General Motors mit einem Umsatz von rund 100 Mrd. USD. Alle TNC zusammen erzeugen rund ein Viertel der Weltproduktion von Industriegütern. Sie beherrschen vor allem den Welthandel.

Fast der gesamte Außenhandel der Vereinigten Staaten und Großbritanniens wird von ihnen abgewickelt. Die Auslandsinvestitionen in der Welt sind zu fast 100 % in der Hand der TNC. Sie besitzen die meisten Weltwährungsreserven, dominieren damit das Währungssystem der Welt.[19]

Die Internationalisierung des Sachbereichs Wirtschaft durch private Akteure unterläuft nicht nur die nach wie vor national organisierten Sachbereiche Sicherheit und Herrschaft, sie kollidiert auch mit den wirtschaftlichen Ansprüchen der sich ausbildenden Gesellschaftswelt selbst. Die Entfaltungsinteressen der Gesellschaften sind nicht identisch mit den Gewinninteressen der Transnationalen Konzerne. Beide fallen vielmehr häufig auseinander. Transnationale Firmen geraten in Konflikt mit nach wie vor national arbeitenden Industrien, vor allem mit der Landwirtschaft. Zusammen mit den Gewerkschaften werden diese Industrien sich zum Anwalt merkantilistischer Politik machen, Arbeitsplätze horten, Arbeitslosigkeit exportieren, die Startvorteile der TNC zu neutralisieren versuchen. Die Ausbildung der Gesellschaftswelt kann die Internationalisierung der Weltwirtschaft abbremsen und zum Protektionismus zurückführen, wenn er als das Mittel dargestellt werden kann, das Arbeitsplätze und Einkommen sichert. Solche Tendenzen können von den TNC unfreiwillig gefördert werden, wenn sie hinter ihren Gewinninteressen die der Gesellschaften vernachlässigen.

Wie kann sichergestellt werden, daß die Befreiung der Wirtschaftswelt von den Disziplinierungen und Einschränkungen des Ost-West-Konflikts nicht zu einer Reprivatisierung der Weltwirtschaft und damit im internationalen Wirtschaftssystem zu frühkapitalistischen Zuständen führt? Die Vereinten Nationen bemühen sich seit vielen Jahren, einen Verhaltenskodex für Transnationale Konzerne zu erstellen, der sie bestimmten Beschränkungen und Auflagen unterwerfen soll.

Der Ansatz ist nicht vielversprechend, weil er einen Regulierungsanspruch enthält, der der Weltorganisation nicht zusteht. Viele seiner Zielsetzungen haben die TNC in bilateralen Verständigungen mit den Gastländern oder durch die Bevorzugung von Joint Ventures schon verwirklicht. Auch hat sich die Gesamtlage insofern verändert, als die TNC, denen die Entwicklungsländer in den siebziger Jahren die wirtschaftliche Einmischung vorgeworfen hatten, sich seitdem stärker zurückhielten, so daß ihr Kapital und ihr technologisches Know-how in der Dritten Welt inzwischen vermißt werden.[20]

Der von der TNC präsentierte Widerspruch zwischen einem sich zunehmend internationalisierenden Welthandel einerseits, anhaltender und nach dem Ende des Ost-West-Konflikts sich noch stärker ausprägender nationaler Fragmentierung der politisch-wirtschaftlichen Kontrolle andererseits betrifft nicht nur die Entwicklungsländer. Das Phänomen ist vielmehr global wie regional anzutreffen. Es tritt im EG-Raum kraß zutage, wo der Markt 1992 integriert wurde, die Wirtschafts- und Währungspolitik aber noch lange Zeit nationalisiert bleiben wird. Es zeigt sich im OECD-Raum, wo es über die G-7 und die Weltwirtschaftsgipfel hinaus noch nicht einmal Ansätze zur organisierten Zusammenarbeit gibt. Der Widerspruch wird sich vertiefen, wenn als Folge des beendeten Ost-West-Konflikts die politische Zusammenarbeit der Regierungen weiter nachläßt und die Regionalisierung sich verstärkt.

Die aus der Reprivatisierung der Weltwirtschaft möglicherweise entspringenden Probleme ließen sich auffangen in der Kooperation zwischen den politischen Systemen und den TNC in Organisationen und Regimen. Im globalen Rahmen käme dafür die – schon erwähnte – Welthandelsorganisation in Frage, in der die wirtschaftlich interdependenten Staaten, die ökonomischen Akteure und die Repräsentanten der Gesellschaften zusammen die aus der Interdependenz entstandenen Probleme bearbeiten. Dort lassen sich die Interessen der TNC mit denen der nationalen Wirtschaften, die Wohlstandsinteressen der einen Gesellschaft mit denen der anderen, die der Gewerkschaften mit denen der Arbeitgeber in eine transparente Beziehung setzen. Die Welthandelsorganisation kann die Probleme nicht lösen und die Transnationalen Konzerne nicht kontrollieren. Aber sie kann die Tätigkeit der TNC im richtigen, weltweiten Rahmen sichtbar werden lassen und den politischen Systemen wie den anderen wirtschaftlichen Akteuren die Gelegenheit bieten, sich damit auseinanderzusetzen und nach geeigneten globalen, regionalen oder nationalen Regelungen zu suchen.

Im regionalen Rahmen der EG muß der Gemeinsame Markt die Wirtschafts- und Währungsunion mit der Europäischen Zentralbank nach sich ziehen. In der Atlantischen Gemeinschaft, wo die Wirtschaften infolge der Investitionen zu einem meßbaren Teil schon verschmolzen sind, wäre eine regionale Organisation, gebildet aus den USA und der EG, der richtige Rahmen. In der nordamerikanischen Freihandelszone, in dem im Juni 1991 beschlossenen Gemeinsamen Markt zwischen Argentinien, Brasilien, Paraguay und Uruguay oder in dem seit 1973 bestehenden und 1991 vertieften Gemeinsamen Karibischen Markt zeigen sich weitere Kooperationsformen unterschiedlicher Intensität. Die in ihnen institutionalisierte Kooperation ist geeignet, auf das Verhalten der TNC steuernd einzuwirken.

Die Transnationalen Konzerne haben den Welthandel zum großen Teil, die Währungsreserven zum beachtlichen und die Produktion zum kleineren Teil internationalisiert. Sie beherrschen also noch keinesfalls die Weltwirtschaft. Dennoch wird ihre Relevanz zunehmen, weil sich nach dem Ende des Ost-West-Konflikts die Zusammenarbeit der politischen Systeme der Industriestaaten zurückbilden wird. Um so wichtiger ist es, die wirtschaftliche Kooperation zwischen ihnen und den TNC in einem flexiblen, der jeweiligen Region und dem Grad der Interdependenz angepaßten Rahmen zu organisieren.

V. Zusammenfassung

Das Ende des Ost-West-Konflikts bewirkte einen Umbruch der Weltpolitik. Seiner historischen Qualität nach ist er nur noch mit dem Ende des Zweiten Weltkrieges zu vergleichen. Damals wie zu Beginn der neunziger Jahre erhält die internationale Politik die Möglichkeit, einen neuen Anfang zu setzen, einen Fortschritt in Richtung auf Frieden und Wohlstand auszulösen. Voraussetzung dazu ist eine Bestandsaufnahme der durch das Konfliktende hervorgerufenen Veränderungen. In welchem Zustand befindet sich das internationale System, welche Kräfte und Konstellationen sind wirksam?

Diese Frage stellt sich zunächst für Europa, das Zentrum des Konflikts, wo dessen Ende die gravierendsten Folgen und größten Möglichkeiten einer Neuordnung hinterlassen hat. Sodann sind die neuen Machtfiguren der Welt, die gesellschaftliche Entwicklung der Staaten und die gestiegene Bedeutung zu untersuchen, die dem Sachbereich Wirtschaft gegenüber dem der Sicherheit zukommt.

In Europa hat das Konfliktende die von den beiden Militärallianzen über 40 Jahre aufgebaute Ordnung zerbrochen. Sie muß ersetzt werden durch ein internationales System, in dem symmetrische und demokratische Einheiten in ihrer kontinuierlichen organisierten Kooperation den Frieden erzeugen. Dazu muß sich die EG in eine Politische Union verwandeln und zusammen mit den ihr assoziierten Staaten Osteuropas im Rahmen der KSZE mit Rußland und den anderen Sowjetunion-Nachfolgern kooperieren. Gleichzeitig muß die Atlantische Gemeinschaft zwischen der EG und den USA und Kanada reformiert werden. Im Einzugsgebiet des ehemaligen Ost-West-Konflikts gibt es dann mit den USA, der EG mit Osteuropa, und mit der GUS drei große Einheiten, die aufgrund ihrer demokratischen Herrschaftssysteme, ihrer Symmetrie und ihrer organisierten Kooperation in der KSZE die europäische Friedensordnung produzieren. Strategisch vordringlich ist daher der Beitrag des Westens zur Demokratisierung in Osteuropa und der GUS sowie – als deren Voraussetzung – zur wirtschaftlichen Sanierung der ehemaligen Staatshandelsländer.

Global hat das Konfliktende die von den Supermächten erzwungene Einordnung aller Staaten in die Ost-West-Auseinandersetzung aufgehoben. Die zentripetale Kraft dieses Konflikts ist erloschen; als Folge verstärkt sich die Regionalisierung der Welt. Der Sozialismus ist als politische wie als ökonomische Alternative zu Liberalismus und Kapitalismus ausgeschieden. Die Drohung eines Nuklearkrieges hat sich zurückgebildet. Dadurch erhalten alle Staaten größere Handlungsfreiheit. Der Überfall des Irak auf Kuwait war der erste Ausdruck gestiegener Autonomie; nicht zuletzt deswegen wurde er vom Westen mit Gewalt zurückgewiesen. Die expansionistische Gewaltpolitik Serbiens fällt auch in diese Kategorie. Da vor allem die Dritte Welt ihre Machtfigur noch nicht gefunden hat, sind dort weitere gewaltsame Auseinandersetzungen zu erwarten, geführt von regionalen Großmächten um den Vormachtanspruch. 1993 wurde nicht nur in Somalia, sondern in vielen anderen Staaten Afrikas um die Macht gekämpft. Die Renaissance des Krieges als Mittel der politischen Auseinandersetzung in der Dritten Welt kann nur vermieden werden, wenn die globale Organisation der Vereinten Nationen und regionale Organisationen sich auf die Gewaltvorbeugung konzentrieren und mit aller Kraft den gewaltfreien Konfliktaustrag sicherstellen.

Als zweite globale Wirkung hat das Ende des Ost-West-Konflikts die seit den siebziger Jahren zu beobachtende Demokratisierungstendenz verstärkt. Die Revolutionen in Osteuropa hatten hier Signalwirkung. Die Tendenz ist nicht unumkehrbar, aber auch nicht mehr aufhebbar. Die Relevanz der Gesellschaften gegenüber ihren politischen Systemen hat sich derart verstärkt – nicht zuletzt durch das Beispiel der westlichen Industriestaaten –, daß das internationale System vom Zustand der Staatenwelt in den der Gesellschaftswelt übergegangen ist. Sie ist noch immer staatlich geordnet, aber die Regierungen müssen mehr und mehr auf die Anforderungen ihrer Gesellschaft Rücksicht nehmen.

Die Folgen sind ambivalent. Einerseits trägt die Demokratisierung dazu bei, daß das Gewaltelement in der Außenpolitik zurückgedrängt wird. Demokratisierung ist daher die beste Friedensstrategie und sollte in diesem Sinne intensiviert werden. Andererseits werden die erhöhten Ansprüche der Gesellschaften die Verteilungskonflikte im internationalen System vermehren, wodurch auch die Gewaltanlässe steigen.

Die Gesellschaftswelt ist zugleich auch eine Wirtschaftswelt. Der Sachbereich Sicherheit, dessen Betonung die Staatenwelt gekennzeichnet hatte, verliert seine Priorität an den Sachbereich Wirtschaft, in dem die Wohlfahrt und die Wohlstandssteigerung der Menschen besorgt wird. In der OECD-Welt könnte sich daraus eine Verschärfung der Konkurrenz ergeben, die sie und vor allem die Atlantische Gemeinschaft gefährdet. Gemildert wird die Gefahr durch wechselseitige Investitionen, die die Wirtschaftsgebiete Nordamerikas und Westeuropas verklammern. Konsolidierend wirkt hier auch der Einfluß der Transnationalen Konzerne, die in beiden Regionen tätig sind.

Von entscheidender Bedeutung für die Wirtschaftswelt ist die ökonomische Sanierung der ehemaligen Staatshandelsländer. Gelingt es nicht, sie rasch in die Marktwirtschaft zu überführen, kann die Frustration der Bevölkerung nicht nur die wirtschaftliche, sondern auch die politische Lage auf dem eurasischen Kontinent destabilisieren. Wirtschaftliche Entwicklung und Demokratisierung dieser Region sind daher die wichtigsten Aufgaben der neuen Weltordnung.

Davon werden die Entwicklungsländer zunächst negativ betroffen, weil die Hilfsressourcen vorrangig nach Eurasien fließen werden. Die durch das Konfliktende eigentlich mögliche, drastische Reduzierung der Rüstungsaufwendungen sollte genügend Kapital freisetzen, um beide Aufgaben lösen zu können. Die Europäische Gemeinschaft hat besondere Verpflichtungen gegenüber den AKP-Staaten, denen sie seit 1991 im vierten Lomé-Abkommen verbunden ist, ohne daß sich die Lage Schwarzafrikas maßgeblich verbessert hätte. Dies endlich zu ändern und dabei gleichzeitig den früheren Staatshandelsländern wirtschaftlich aufzuhelfen, ist die spezifische Herausforderung für die Europäische Gemeinschaft.

Die Bedeutung der Wirtschaftswelt wird gesteigert durch die Emanzipation der Transnationalen Konzerne, die vom Konfliktende und der dadurch bedingten Abnahme der Verhaltenskontrolle durch die politischen Systeme profitieren. Sie haben den Welthandel ganz und die Währungsreserven sowie die Produktion zu einem nennenswerten Teil schon internationalisiert. Die dadurch bewirkte private Teilintegration der Weltwirtschaft gerät in zunehmenden Widerspruch zur immer noch staatlich geordneten Weltpolitik. Das Problem sollte nicht durch den Versuch globaler Reglementierung der TNC, sondern durch die Zusammenarbeit aller Beteiligten gesteuert werden. Sie kann die Form einer globalen Weltwirtschaftsorganisation oder verschiedener regionaler Organisationen annehmen. Ebenfalls denkbar sind die flexibleren Gestaltungsmöglichkeiten, die in den sogenannten Regimen enthalten sind.

Die großen Veränderungen, die das Ende des Ost-West-Konflikts im internationalen System hinterlassen hat, im Hinblick auf die Perspektiven von Frieden und Wohlfahrt abzuwägen, ist nicht leicht. Perspektivisch fällt die Bilanz positiv aus. Risiken sind vorhanden, aber die Möglichkeiten der Verringerung von Gewalt und der Steigerung wirtschaftlicher Wohlfahrt überwiegen. Voraussetzung eines solchen Fortschritts aber ist, daß das Ende des Ost-West-Konflikts wirklich als historische Wegscheide begriffen und nicht als lediglich willkommenes Routineereignis unterschätzt wird. Es gibt die Möglichkeit, die Welt neu zu ordnen. Sie muß aber wahrgenommen und mit dem zureichend großen Aufwand verwirklicht werden.

Anmerkungen

I. Die europäische Welt

1 Michael J. Hogan (Ed.): The End of the Cold War: Its Meaning and Implications, Cambridge, Cambridge University Press, 1992. Allen Lynch: The Cold War is Over – Again, Boulder, Westview Press, 1992.

2 Dazu mit der wichtigsten Literatur: Werner Link: Der Ost-West-Konflikt. Die Organisation der internationalen Beziehungen im 20. Jahrhundert, Stuttgart 1988 (2).

3 Hans-Hermann Höhmann: Ursachen, Konzepte und Perspektiven sowjetischer Wirtschaftsreformen in der Perestrojka, in: Marcus Breitschwerdt (Hg.): Eine Chance für Gorbatschow. Ergebnisse und Perspektiven der sowjetischen Reformpolitik, Augsburg 1989, S. 41 ff.

4 Zur Entstehung und zu den Folgen des Mittelstreckenabkommens vgl. Ernst-Otto Czempiel: Machtprobe. Die USA und die Sowjetunion in den achtziger Jahren, München 1989, S. 282 ff.

5 Das war schon kurz nach Reykjavik sichtbar geworden, vgl. Ernst-Otto Czempiel: Amerikanisch-sowjetische Beziehungen nach Reykjavik, in: Aus Politik und Zeitgeschichte B1–2/87, 10. 1. 1987, S. 3–4.

6 Die Londoner Erklärung der NATO ist abgedruckt in: Europa-Archiv 45, 17, 1990, S. D456 ff.

7 Werner Link: Der Ost-West-Konflikt, in: Klaus von Beyme et al. (Hg.): Politikwissenschaft. Eine Grundlegung, Band 3, Stuttgart 1987, S. 217 ff.

8 Vgl. zu dieser These die Berichte russischer Politiker in: The New Yorker, 2. 11. 1991, S. 4–6. Grundsätzlich dazu Daniel Deudney und G. John Ikenberry: Who Won the Cold War?, in: Foreign Policy 87, Sommer 1992, S. 123 ff.

9 John H. Herz: Idealistischer Internationalismus und das Sicherheitsdilemma, in: Ders.: Staatenwelt und Weltpolitik, Hamburg 1974, S. 39 ff.

10 Zur Bedeutung von Rüstungswettläufen vgl. Michael D. Wallace: Armaments und Escalation, in: International Studies Quarterly 26, 1, März 1982, S. 37–56 und die Diskussion darüber ebenda, 27, 2, Juni 1983, S. 225 ff.

11 Schema aus Ernst-Otto Czempiel: Nachrüstung und Systemwandel. Ein Beitrag zu der Diskussion um den Doppelbeschluß der NATO, in: Aus Politik und Zeitgeschichte B5/82, 6. 2. 1982, S. 29.

12 Ebenda, S. 28.

13 Die Diskussion um den militärisch-industriellen Komplex hat sich etwas beruhigt, sollte aber wieder aufgenommen werden. Vgl. Gordon Adams

und Randall Humm: The U. S. Military-Industrial Complex and Strategy, in: Carl G. Jacobsen (Ed.), Strategic Power: USA/USSR, Basingstoke 1990, S. 286–297.

14 Schumpeter hat dieses Phänomen 1919 entdeckt und als Imperialismus bezeichnet: Joseph A. Schumpeter: Zur Soziologie der Imperialismen, in: Archiv für Sozialwissenschaft und Sozialpolitik 46, 1919, S. 275 ff. Dieter Senghaas: Abschreckung und Frieden, Frankfurt/M. 1969, S. 176 ff., benutzt dafür den Begriff des Autismus.

15 Ernst-Otto-Czempiel: Schwerpunkte und Ziele der Friedensforschung, München 1972, S. 85. Diese Zusammenhänge waren schon Anfang der siebziger Jahre erkennbar.

16 Für die frühere Forschung vgl. Wolf-Dieter Eberwein et al.: Internes und externes Konfliktverhalten von Nationen, 1966–1967, in: Zeitschrift für Soziologie 7, 1, Januar 1978, S. 21 ff.

17 Randall L. Schweller: Domestic Structure and Preventive War: Are Democracies More Pacific?, in: World Politics 44, 2, Januar 1992, S. 235 ff.

18 Hans J. Morgenthau: Macht und Frieden. Grundlegung einer Theorie der internationalen Politik, Gütersloh 1963.

19 Kenneth N. Waltz: Theory of International Politics, Reading, Mass., 1979.

20 Ders.: Realist Thought and Neorealist Theory, in: Journal of International Affairs, 44, 1, 1990, S. 36.

21 Ders.: Reflections on Theory of International Politics: A Response to My Critics, New York 1986, S. 323 ff.

22 Joseph S. Nye, Jr.: Neorealism and Neoliberalism, in: World Politics XL, 2, Januar 1988, S. 250.

23 Zu diesen Leistungen der internationalen Organisation Ernst-Otto Czempiel: Friedensstrategien. Systemwandel durch internationale Organisationen, Demokratisierung und Wirtschaft, Paderborn 1986, S. 82 ff.

24 Zu diesem Problembereich vgl. Inis L. Claude, Jr.: The Balance of Power Revisited, in: Review of International Studies, 15, 2, April 1989, S. 77 ff. Ferner Wolf D. Gruner (Hg.): Gleichgewicht in Geschichte und Gegenwart, Hamburg 1989.

25 Weitere Beispiele bei Dieter Ruloff: Wie Kriege beginnen, München 1985.

26 Ellen C. Collier (Ed.): Instances of Use of United States Armed Forces Abroad, 1988–1989, Washington, D. C., Congressional Research Service, 4. 12. 1989.

27 Frank R. Pfetsch (Hg.): Konflikte seit 1945, Freiburg 1991. Pfetsch verzeichnet 250 Grundkonflikte und 500 Einzelkonflikte.

28 Eine umfassende kritische Bestandsaufnahme bietet John Lewis Gaddis: International Relations Theory and the End of the Cold War, in: International Security 17, 3, Winter 1992/93, S. 5–58. Eher essayistisch argumentiert Robert J. Lieber: Existential Realism After the Cold War, in: Washington Quarterly, Winter 1993, S. 155–168.

29 Vgl. dazu u.a. Manfred Knapp (Hg.): Konzepte europäischer Friedensordnungen, Stuttgart 1992. Heinz Gärtner: Wird Europa sicherer? Zwischen kollektiver und nationaler Sicherheit, Wien 1992. Wilhelm von Bredow: Der KSZE-Prozeß. Von der Zähmung zur Auflösung des Ost-West-Konflikts, Darmstadt 1992.

30 Zu diesem Problemkreis aus der Sicht der Bundesrepublik vgl. Wolfram F. Hanrieder: Deutschland, Europa, Amerika, Paderborn 1990. Dort auch die Literatur.

31 Ernst-Otto Czempiel: Die Modernisierung der Atlantischen Gemeinschaft, in: Europa-Archiv 45, 8, 1990, S. 275 ff.

32 Ebenda, S. 285.

33 Europäisches Parlament: Die Europäische Freihandelsassoziation (EFTA) und der Binnenmarkt der Gemeinschaft. Reihe: Außenwirtschaftsbeziehungen Nr. 1, Oktober 1989, passim.

II. Die regionalisierte Welt

1 International Herald Tribune (IHT), 28. 8. 1990.

2 Michael C. Webb und Stephen D. Krasner: Hegemonic Stability Theory: An Empirical Assessment, in: Review of International Studies, 15, 2, April 1989, S. 186.

3 Dazu Hans Wassmund: Die Supermächte und die Weltpolitik. USA und UdSSR seit 1945, München 1989.

4 Ausführlich dazu: Ernst-Otto Czempiel: Machtprobe. Die USA und die Sowjetunion in den achtziger Jahren, München 1989.

5 Ebenda, S. 315.

6 Zu diesen Perspektiven vgl. Abhandlungen des Göttinger Arbeitskreises: Sowjetpolitik unter Gorbatschow. Die Innen- und Außenpolitik der UdSSR 1985–1990, Berlin 1991.

7 Der nationale Sicherheitsberater Brent Scowcroft in: U. S. Policy Information and Texts (USPIT) 88, 6. 7. 1989, S. 21, S. 27.

8 Ebenda, S. 28.

9 Auszugsweise abgedruckt in: USPIT 40, 20. 2. 1990, S. 17 ff.

10 Außenminister Baker in: USPIT 145, 22. 10. 1990, S. 3 ff. Seine Grundsatzrede vom 16. 10. 1989 ist abgedruckt in: USPIT 130, 18. 10. 1989, S. 7 ff.

11 The Washington Post, 13. 12. 1990.

12 Vgl. dazu Graham Allison und Robert Blackwill: America's Stake in the Soviet Future, in: Foreign Affairs 70, 3, Sommer 1991, S. 77–97.

13 Amy F. Woolf: The Strategic Arms Reductions Treaty: Major Elements of the Agreed Framework, Congressional Research Service, Washington, D. C., 4. 6. 1990, passim.

14 Harald Müller: Gescheiterte Prüfung: Der Vertrag zur Nichtverbreitung von Kernwaffen nach der Genfer Überprüfungskonferenz, in: Europa-Archiv 45, 22, 1990, S. 671 ff.

15 Vgl. dazu Jürgen Wilzewski in: Ernst-Otto Czempiel et al.: Die USA und das neue Europa, HSFK-Report 5/1990, Frankfurt/M. 1990, S. 28.

16 Zahlen nach Richard F. Grimmett: Trends in Conventional Arms Transfer to the Third World by Major Supplier, 1982–1989, Washington, D. C., Congressional Research Service, 1990, S. 40–41.

17 Statement des Stellv. Verteidigungsministers der USA, O. Wolfowitz, vor dem Auswärtigen Ausschuß des Senats am 4. Oktober 1990, mimeo, S. 4 f.

18 Zur amerikanischen Auslandshilfe im Haushaltsjahr 1991 vgl. Congress-Report 11–12, November 1990, S. 8.

19 Military Trends: Atlantic to the Urals, Congressional Research Service, Dezember 1992.

20 John P. Hardt: American-Ukrainien Partnership Reform Assistance Options, CRS, 29. 12. 1992.

21 Bernd W. Kubbig und Harald Müller: Nuklearexport und Aufrüstung. Neue Bedrohungen und Friedensperspektiven, Frankfurt/M. 1993, S. 146 ff.

22 Rat und Kommission der Europäischen Gemeinschaften (Hg.): Vertrag über die Europäische Union, Luxemburg, 1992, Textzitate nach dieser Ausgabe, S. 126.

23 Richard P. Cronin: Japan's Expanding Role and Influence in the Asia-Pacific Region: Implications for U. S. Interests and Policy, Washington, D. C., Congressional Research Service, 1990, S. 37–38.

24 Dazu Ernst-Otto Czempiel: Die Pazifik-Politik der USA nach dem Ende des Containment, HSFK-Report 7/1990, Frankfurt/M. 1990, S. 16 ff.

25 Vgl. Jeffrey T. Bergner: The New Superpowers: Germany, Japan, the U. S., and the New World Order, New York 1991.

26 Harold Brown: The United States and Japan: High Tech is Foreign Policy, in: SAIS REVIEW, Sommer/Herbst 1989, S. 2.

27 Winston Lord, Assistant Secretary of State for East Asian and Pacific Affairs, in: International Herald Tribune, 9. 4. 1993.

28 IHT, 17. 3. 1993.

29 Citha D. Maaß: Außenpolitische Neuorientierung Indiens: Späte Reaktion auf das Ende des Kalten Krieges, SWP-IP 2773, Oktober 1992. Vgl. auch Das Parlament, Jg. 43, 8–9, Februar 1993 mit einer Sonderausgabe über Indien.

30 Sam Nunn: Eastern Europe, The Soviet Union, The Middle East, in: IHT 20. 11. 1990. Zum Verlauf der Golfkrise: Gert Krell und Bernd W. Kubig (Hg.): Krieg und Frieden am Golf. Ursachen und Perspektiven, Frankfurt/M. 1991.

31 FAZ, 24. 8. 1990.

32 Vgl. Hans-Dieter Kuschel: Das neue Lomé-Abkommen zwischen der EG und den AKP-Ländern, in: Europa-Archiv 45, 10, 1990, S. 333 ff.

33 IHT, 2.–3. 6. 1990.

34 USPIT 84, 28.6.1990, S. 15, S. 9.
35 Abraham F. Lowenthal: Rediscovering Latin America, in: Foreign Affairs 69, 4, Herbst 1990, S. 27.
36 Ders.: Lateinamerika an der Schwelle der neunziger Jahre, in: Europa-Archiv 45, 17, 1990, S. 515 ff.
37 IHT, 16.4.1991.
38 Ruth Leger Sivard: World Military and Social Expenditures 1989, Washington D. C., 1989, S. 19.
39 Robert O. Keohane: After Hegemony. Cooperation and Discord in the World Political Economy, Princeton 1984, S. 246.
40 Patrick J. Garrity and Steven A. Maaranen (Eds.): Nuclear Weapons in the Changing World: Perspectives from Europe, Asia, and North America, New York, Plenum Press, 1992.
41 Jahrbuch Dritte Welt, 1990, München 1989, S. 138.
42 Helmut Hubel: Neue Waffen in der Dritten Welt und ihre Folgen, in: Europa-Archiv 45, 15, 1990, S. 455.
43 FAZ, 27.11.1990, S. 4.
44 IHT, 9.10.1990.
45 Vgl. Geoffrey Kemp: The Control of the Middle East Arms Race, Washington, D. C., Carnegie, 1991.
46 Jahrbuch Dritte Welt (Anm. 41), S. 151.
47 Vgl. dazu Peter Rudolf: Geopolitik, Partnerschaft oder Rückzug, SWP-IP 2753, Juli 1992, S. 11 ff.
48 Nicholas X. Rizopoulos (Ed.): Sea-Change: American Foreign Policy in a World Transformed, New York, Council on Foreign Relations, 1990.
49 Zu diesen Regelungen und den daraus entstehenden Problemen vgl. Leland M. Goodrich und Anne P. Simons: The United Nations and the Maintenance of International Peace and Security, Washington, D.C., Brookings, 1955, S. 355 ff., S. 427.
50 Boutros Boutros-Ghali: Empowering the United Nations, in: Foreign Affairs 71, 5, Winter 1992/93, S. 89 ff.
51 Diese Zusammenhänge untersucht am Beispiel des Ost-West-Konflikts Volker Rittberger: Konflikttransformationen durch internationale Regime im Ost-West-Verhältnis, in: Hans-Hermann Hartwich (Hg.): Macht und Ohnmacht politischer Institutionen, Opladen 1989, S. 323 ff.
52 Vgl. dazu die Überlegungen von Dieter Senghaas: Konfliktformationen im internationalen System, Frankfurt/M. 1988.
53 Stanley Hoffmann: A New World, in: Foreign Affairs 69, 4, Herbst 1990, S. 120.
54 Siehe die Übersicht in: Jahrbuch Dritte Welt (Anm. 41), S. 298 ff.
55 Olu Adeniji: General Overview of African Contemporary Political Military, and Economic Affairs, and Their Relationship to Peace, Security, Disarmament, and Confidence-Building Among Africans States, in: Disarmament XIII, 3, 1990, S. 172.

56 Günther van Well: Die Vereinten Nationen als Friedensstifter. Möglichkeiten und Grenzen der Weltorganisation, in: Europa-Archiv 47, 24, 25.12.1992, S. 703 ff.

III. Die Gesellschaftswelt

1 Kenneth N. Waltz: Theory of International Politics, Reading, Mas., 1979.

2 Ebenda, S. 29 ff.

3 Zugänglich in John H. Herz: Staatenwelt und Weltpolitik, Aufsätze zur internationalen Politik im Nuklearzeitalter, Hamburg 1974, S. 63 ff.

4 Dazu Beate Kohler-Koch: Interdependenz, in: Volker Rittberger (Hg.): Theorien der internationalen Beziehungen, PVS Sonderheft 21/1990, S. 110–129. Dort auch die Literatur.

5 Ernst-Otto Czempiel: Internationale Politik: Ein Konfliktmodell, Paderborn 1981, S. 101 ff.

6 Zu der Problematik des Begriffs „Weltgesellschaft" vgl. Kurt P. Tudyka: Weltgesellschaft – Unbegriff und Phantom, in: Bernhard Moltmann u. Eva Senghaas-Knobloch (Hg.): Konflikte in der Weltgesellschaft und Friedensstrategien, Baden-Baden 1989, S. 63 ff. Martin List: Was heißt „Weltgesellschaft"?, ebenda, S. 29 ff., versucht den Begriff zu retten und zu rechtfertigen, indem er (mit Giesen) Gesellschaft bereits als gegeben ansieht, wenn Individuen kooperieren und dabei in wechselseitige Abhängigkeit geraten. Selbst dieses – sehr schwache – Kriterium ist aber weltweit noch nicht gegeben oder nur – wie List richtig feststellt – im Bereich der ökologischen Gefährdung. Sie reicht m. E. nicht aus, um den Begriff „Weltgesellschaft" als analytische Kategorie zu benutzen.

7 Eine interessante Analyse, allerdings ohne den Begriff, findet sich bei James N. Rosenau: Turbulence in World Politics. A Theory of Chance and Continuity, Princeton, 1990.

8 Zbigniew Brzezinski: Power and Principle. Memoirs of the National Security Adviser 1977–1981, New York 1983, S. 127.

9 Jimmy Carter: Keeping Faith. Memoirs of a President, New York 1982, S. 143.

10 Asbjorn Eide und Bernt Hagtvet (Eds.): Human Rights in Perspective: A Global Assessment, Oslo 1992.

11 Steven J. Woehrel: Soviet Union: An Assessment of Recent Republic and Local Elections, Washington, D.C., Congressional Research Service, 1990.

12 Henrik Bischof: Analyse der ersten freien Wahlen in Osteuropa, Bonn, Friedrich-Ebert-Stiftung, 1990.

13 IHT, 23.4.1990.

14 Heribert Weiland: Demokratiefrühling in Afrika?, in: Herder-Korrespondenz 44, 10, Oktober 1990, S. 459–463.

15 B. Grill u. B. Kaps: Der Ruf nach Demokratie, in: Die Zeit 36, 31.8.1990, S. 10.

16 R. W. Copson: South Africa's Future: Toward a Negotiated Settlement?, Washington, D. C., Congrèssional Research Service, 1990, S. 38 ff.

17 Peter Molt: Chancen und Voraussetzungen der Demokratisierung Afrikas, in: Aus Politk und Zeitgeschichte B12–13/93, S. 12 ff.

18 Vgl. Theodore S. Dagne: Afrika: Status of Democratization, Congressional Research Service, Washington, D. C., 1991.

19 Gabriele Oesterich: Menschenrechte als Element der dritten AKP-EWG-Konvention von Lomé, Berlin 1990.

20 Vgl. Dankwart A. Rustow: Democracy: A Global Revolution?, in: Foreign Affairs 69, 4, Herbst 1990, S. 75 ff.

21 Michael Zürn: Gerechte internationale Regime. Bedingungen und Restriktionen der Entstehung nicht-hegemonialer internationaler Regime, untersucht am Beispiel der Weltkommunikationsordnung, Frankfurt/M. 1987, S. 133.

22 L. R. Sussman: Mass Media: Opportunities and Threats, in: The Annals of the American Academy for Political and Social Science 442, März 1979, S. 78.

23 Francis S. Ronalds, Jr.: Voices of America, in: Foreign Policy 34, 1979, S. 155.

24 Vgl. zu diesem Komplex die Beiträge in: Reiner Steinweg (Hg.): Medienmacht im Nord-Süd-Konflikt: Die neue Internationale Informationsordnung. Friedensanalysen 18, Frankfurt/M. 1984.

25 IHT, 27. 2. 1989.

26 Dazu Ernst-Otto Czempiel: Machtprobe. Die USA und die Sowjetunion in den achtziger Jahren, München 1989, S. 319.

27 Richard F. Grimmett: Trends in Conventional Arms Transfers to the Third World by Major Supplier, 1982–1989, Washington, D. C., Congressional Research Service, 1990, S. 46–47.

28 Jeane Kirkpatrick: Dictatorships and Double Standards, in: Commentary 68, 5, November 1979, S. 34–45, versuchte aus der Praxis sogar eine Strategie zu entwickeln.

29 George W. Ball: The Past Has Another Pattern. Memoirs, New York 1982, S. 423.

30 Shirley Christian: Nicaragua: Revolution in the Family, New York 1985, S. 310.

31 Czempiel: Machtprobe (Anm. 26), S. 211.

32 Ebenda, S. 179.

33 Dazu Ernst-Otto Czempiel: Gewaltfreie Intervention zugunsten von Demokratisierungsprozessen, in: Gesine Schwan (Hg.): Internationale Politik und der Wandel von Regimen, Köln 1987, S. 55 ff.

34 In diesem Sinne argumentiert auch Carl Gershman: The United States and the World Democratic Revolution, in: The Washington Quarterly 12, 1, Winter 1989, S. 127.

35 Larry Diamond: Promoting Democracy, in: Foreign Policy 87, Sommer 1992, S. 25 ff.

36 So schon vor 20 Jahren Eugene J. Meehan: The Concept Foreign Policy, in: Wolfram H. Hanrieder (Ed.): Comparative Foreign Policy. Theoretical Essays, New York 1971, S. 242 ff.

37 Beschreibung und Schema der internationalisierenden Politik finden sich bei Ernst-Otto Czempiel: Friedensstrategien. Systemwandel durch internationale Organisationen, Demokratisierung und Wirtschaft, Paderborn 1986, S. 31 ff.

38 Joseph S. Nye, Jr.: Soft Power, in: Foreign Policy 80, Herbst 1990, S. 153 ff.

39 Die Ökologie wird, zusammen mit der Bevölkerungsexplosion, von Paul Kennedy zu den Themen der Zukunft gerechnet. Siehe sein Buch: In Vorbereitung auf das 21. Jahrhundert, Frankfurt/M. 1993. Von deutscher Seite maßgebend zum Themenkreis: Ernst U. von Weizsäcker: Erdpolitik, Ökologische Realpolitik an der Schwelle zum Jahrhundert der Umwelt, Darmstadt 1990^2.

40 Niklas Luhmann: Die Weltgesellschaft, in: Archiv für Rechts- und Sozialphilosophie LVII/1, 1971, S. 9, Anm. 14.

41 Vgl. dazu auch die Ökologiediskussion in der Friedensforschung in: Lothar Brock: Peace through Parks? The Environment on the Agenda of Peace Research, in: Journal of Peace Research 4, 1991.

42 Sebastian Oberthür: Rio: kein Mißerfolg, in: Europa-Archiv 47, 20, Oktober 1992, S. 595 ff.

43 Daniel H. Zafren: An International Criminal Court?, Congressional Research Service, März 1993.

44 Yearbook of International Organizations 1986/87, Vol. 1, Appendix 7, Table 1.

45 Klaus Hänsch: Aspekte der Europäischen Integration in einem ungeteilten Europa. Gedanken zur EG-Regierungskonferenz über die Politische Union, in: Europa-Archiv 45, 19, 10. 10. 1990, S. 572.

46 Klaus Pöhle: Parlamente in der EG – Formen der praktischen Beteiligung, in: Integration 15, 2. April 1992, S. 72 ff.

IV. Die Wirtschaftswelt

1 Fred Bergsten: The Primacy of Economics, in: Foreign Policy 87, Sommer 1992, S. 3 ff.

2 OECD-Zahlen, zitiert nach Glennon J. Harrison: European Community Trade and Investment with the United States, Washington, D. C., Congressional Research Service, 1990, S. 2. Die Zahlen variieren beträchtlich. Der Congressional Research Service: Japan US Relations: A Briefing Book, Juni 1992, S. 147, beziffert das BSP-Pro-Kopf Japans für 1989 auf 16 697 USD, für 1990 auf 17 571 USD. In den USA lag es 1989 bei 21 943 und 1990 bei 21 931 USD, also sehr viel höher als in Japan.

3 Raymond J. Ahearn: East Asian Trade Trends: Interpretations of their Courses and Implications for U.S. Interests and Policy, Washington, D.C., Congressional Research Service 1990, S. 1.

4 Economic Report of the President, Washington, D.C., Februar 1992, S. 412.

5 Vgl. dazu und zu der Kontroverse über die Stärke/Schwäche der USA Joseph S. Nye, Jr.: Bound to Lead. The Changing Nature of American Power, New York 1990.

6 Michael C. Webb and Stephen D. Krasner: Hegemonic Stability Theory: An Empirical Assessment, in: Review of International Studies, 15, 2, 1989, S. 183 ff.

7 United States Congress 101/2, Joint Economic Committee: 1990 Joint Economic Report, Washington, D. C., 1990, S. 75.

8 Dazu Raymond Ahearn: Japan's Protected Market: Significance, Extent, Outlook, and Challenges for U.S. Policy, Washington, D.C., Congressional Research Service 1990, passim.

9 Vgl. dazu Geffrey E. Garten: The 100-Day Economic Agenda, in: Foreign Affairs 71, 5, Winter 1992/93, S. 16 ff.

10 Hermann Priebe: Die subventionierte Naturzerstörung. Plädoyer für eine neue Agrarkultur, München 1990, S. 75.

11 FAZ, 17.4. 1993.

12 Abgedruckt in United States Policy Information and Texts 161, 25.11. 1990, S. 21 ff.

13 Thomas Oppermann und Marc Breise: Auf dem Weg zur Weltmarktwirtschaft? Kurswechsel zu neuem Konsens in den Vereinten Nationen und im GATT, in: Europa-Archiv 45, 16, 1990, S. 498.

14 GATT: International Trade, 1990, zitiert nach FAZ 28. 11. 1990.

15 Lothar Brock: Die Dritte Welt in ihrem fünften Jahrzehnt, in: Aus Politik und Zeitgeschichte B50/92, 4. Dezember 1992, S. 13 ff.

16 Weltbank: Jahresbericht 1990, Frankfurt/M. o. J. (1990), S. 28.

17 Hans-Dieter Kuschel: Das neue Lomé-Abkommen zwischen der EG und den AKP-Ländern, in: Europa-Archiv 45, 10, 1990, S. 333 ff.

18 Weltbank: Jahresbericht 1992, S. 119.

19 United Nations, Centre on Transnational Corporations: Transnational Corporations in World Development. Trends and Prospects, New York, 1988, passim.

20 Zu der komplexen Position der TNC in der Weltwirtschaft vgl. Robert Gilpin: The Political Economy of International Relations, Princeton 1987.

Buchanzeigen

Zukunftsangst und Terror

Beate Winkler (Hrsg.)
Zukunftsangst Einwanderung
3., aktualisierte Auflage. 1993. 122 Seiten. Paperback
Beck'sche Reihe Band 471

Klaus J. Bade (Hrsg.)
Deutsche im Ausland – Fremde in Deutschland
Migration in Geschichte und Gegenwart
2., unveränderte Auflage. 1992. 542 Seiten
mit 84 Abbildungen und 11 Karten. Gebunden

Thomas Assheuer/Hans Sarkowicz
Rechtsradikale in Deutschland
Die alte und die neue Rechte
2., aktualisierte Auflage. 1992. 258 Seiten. Paperback
Beck'sche Reihe Band 428

Astrid Lange
Was die Rechten lesen
Fünfzig rechtsextreme Zeitschriften. Ziele, Inhalte, Taktik
1993. 177 Seiten. Paperback
Beck'sche Reihe Band 1014

Bassam Tibi
Die fundamentalistische Herausforderung
Der Islam und die Weltpolitik
1992. 274 Seiten. Paperback
Beck'sche Reihe Band 484

Peter Waldmann (Hrsg.)
Beruf: Terrorist
Lebensläufe im Untergrund
1993. 200 Seiten. Paperback
Beck'sche Reihe Band 1023

Verlag C. H. Beck München